chili verlag

Abschreibungen

Lyrisches und Satirisches
von Stefan Krückmann

chili verlag

Zuletzt im chiliverlag erschienen (Auswahl):

Fassadenflucht, Politische Dichtung der Gegenwart II

suchtraum, Sandra Stubbe, Roman

PSYCHONYMOUS II – Verzogen

Lichtläufer, Gerwine Ogbuagu, Roman

TRANS I – Psychedelia, Autobiografie

Nachtschwarz, Himmelgrau, Kurzgeschichten, Horst Leiwig

Halli Galli in Gotha, Anant Kumar

Herzschlaf, Gedichte und Kurzprosa über Trauer, Trost und Hoffnung

Stimmwirbel – Gedichte, Michel Ackermann

Juleika Lippenrot – 13 Erzählungen, David Wozniak

Machen! Silben, Sätze, Sensationen, Marc Mandel

Gatti – Katz'n, 21 krasse Katz'nstories

Kodex Rosebud, Hans-Jörg Kühne, Roman

Kiss Me Cyprus Hell, Miriam Sonntag, Jugendroman

1. Auflage Mai 2016

franchili / 36

Detaillierte bibliographische Daten sind unter http://dnb.ddb.de bei der Deutschen Nationalbibliographie abrufbar.

Gestaltung, Layout, Lektorat: chiliverlag

Zeichnungen innen und Coverelemente: Jens Kortsteger

Printed in Germany

ISBN 978-3-943292-38-1 **www.chiliverlag.de**

Abschreibungen

Nichts Geistreiches bitte! Man spart an Worten, wenn man sich einmal versteht. Du, Faulenzer, mache ein Buch – jeder hat sein Buch im Kopf – und die einschläfernde Langeweile wird sich über dich beugen. Spachtelnder Maler, lege deine alte Masche ab. Harfner! lausche und schweige! Ausgepumpter Versschmied, sieh die Stunden der Heimsuchung kommen!... Lasst uns tief die berauschende Luft einatmen! ... Und du, der du am Leben leidest, komm und birg dein Haupt hier und ruh auf dem salzigen Rasen in der allgemeinen Aufkündigung.

TRISTAN CORBIÈRE. *Casino der Abgeschiedenen*

INHALT

ABGESCHRIEBEN: JOHN McCRAE (1872-1918) 9

VORWORT 11

I - VI 11-16

VII. POUR ELLE 17

DIE MONATE 19

I - XII 19-30

GALLSUCHT 31

I. RONDEL POUR AVANT 31

II - XIII 32-43

MILLENNIUM MAMMA (TU FELIX HARPAGIA NUBE) 45

I - XII 45-56

XIII. BALLADE VOM EWIGEN SELBSTBEHALT 57-58

PANDORA CARNIVORA 59

I - XIII 59-71

WAS HÄNSCHEN NICHT LERNT 73

I. RECHTSCHREIBREFORM 73

II. BRETTERGYMNASIEN 74-75

III. McDONALDISIERUNG 76

IV. PROST MAHLZEIT 77

V. PHILOLOGEN 78

VI. SEKUNDÄRTUGENDEN 79

VII. KUNDENDIENST 80

VIII. WOHLFAHRTS-AUSSCHUSS 81

IX. DER SOHN 82

X. DUMPF UND STUMPF 83

XI. PRESSEFREIHEIT 84
XII. GLOBAL 85
XIII. TOMBOLA (DAS LOS ZUM EINFALL) 86

UNTER STROM (I.) 87
I - XIII 87-99

UNTER STROM (II.) 101
I - IX 101-109

HEIMATPFLEGE 111
I - VIII 111-119

UNTER DEN TALAREN 121
I - XII 121-132

BIS DER ARZT KOMMT 133
I - II 133-134
III. FÜR DR. KRONZUCKER 135
IV - VI 136-138
VII. FÜR DR. MED. SCHNITZMANN 139
VIII. SCHWERSTVERHINDERT 140
IX. IMPAVIDUM FERIENT URINAE 141
X. SEELENARZT 142

SCHLUSS-SÄTZE 143
I - VII 143-149

RONDEAU D'OUTRE-TOMBE 150

DER AUTOR 152

ABGESCHRIEBEN: JOHN McCRAE (1872-1918)

Für Dirk Blockeel.

Auf Flanderns Feld weithin verstreut
Weht Mohn, wo Kreuz an Kreuz sich reiht
Und uns markiert; am Himmel fliegt
Die Lerche und singt noch vergnügt,
Wenn Schießen sie auch überschreit.

Tot sind wir, die vor kurzer Zeit
Frührot und Abendrot erfreut,
Man liebte, ward geliebt und liegt
    Auf Flanderns Feld.

Mit unsrem Feind führt weiter Streit:
Nehmt aus der Hand uns, die besiegt,
Die Fackel; deren Träger seid!
Doch wenn uns Tote ihr betrügt,
Schlafen wir nicht, und Mohn gedeiht
    Auf Flanderns Feld.

VORWORT

I.

Es tanzen Buchstaben in meinem Namen:
Sie halten nicht am angestammten Ort
Und setzen sich in loser Folge fort.
Es tanzen Buchstaben in meinem Namen
Und fügen sich zum Anagramm zusammen;
Alsbald steht eine neue Lesart dort.
Es tanzen Buchstaben in meinem Namen,
Sie halten nicht am angestammten Ort.

II.

Den Ball eröffneten die Gamben
Mit einem doppelten Quartett,
Wobei sich vierfüßige Jamben
Zu dem Pavanentakt gedreht.

Terzette folgen, Dithyramben,
Aus denen die Gaillarde besteht ...
Das große Los der Dichtung – Amben:
Zwei Tänze bilden ein Sonett.

Aus diesem einen Paar entfalten
Sich die verschiedenen Gestalten
Der Suite, die darin vorgeprägt.

Man spürt die beiden schon durch ihren
Taktwechsel in den Ouvertüren,
Bis der Schlussvers zur Coda schlägt.

III.

Musiktakt, Versmaß, Tanzschritt in den Sätzen
Durchdringen sich fast ohne Unterschied:
Kunst um der Kunst willen auf dem Zenit
In festen Formen mit köstlichen Schätzen.

Drei Gattungen auf einem Kunstgebiet
Stützen sich gegenseitig und ergötzen,
Man kann sich ihrem Reiz kaum widersetzen,
Ensuite le sonnet, sonnet en suite ...

Prélude, Fantasie, une Allemande
Et son double, Courante, Sarabande,
Gigue, Rondeau, Gavotte, Menuet,

Musette, Badinage la Mignonne,
Bransle de ville, Tambourins, Ballet,
Bourrasque, Plainte et enfin la Chaconne.

IV.

Nicht nur aufgrund seiner Musik ist jener
Mir mehr als seine Zeitgenossen lieb,
Von denen keiner kühner oder schöner
Suites and divisions for ye Viols schrieb;

Vor allem blieb mir William Lawes Bekenner
Der freien Kunst, ein militanter Typ,
Den es für seinen königlichen Gönner,
Sein Publikum, das Schwert zu zücken trieb.

Er überlebte nicht als Tagelöhner
Unter dem geist- und freudlosen Prinzip,
Sondern als unverbesserlicher Könner,

Der auf Rund-, Flach- und Schwachköpfe einhieb,
Bis er beim Ausfall gegen Saubermänner
Erschossen auf dem Feld der Ehre blieb.

V.

Schon schimmern Helme zwischen kurzen Halmen:
Heuschrecken auf dem Vormarsch durch das Land,
Die marodierend jeden Widerstand
Mit furchtbarer Verbissenheit zermalmen.

Verbrannte Erde, weite Flächen qualmen;
Jedoch ein neues Ziel für Beute fand
Ihre Cäsarenfresse, elegant
Bekränzt mit Fühlern, Lorbeer, Siegespalmen.

Man schlägt beim Nahen der Armee Alarm.
Die Felder schwärzen sich durch einen Schwarm
Zahlloser Freischärler, die Grün angreifen.

Nichts haben sie an Kampfkraft eingebüßt.
Ratterndes Zirpen. Unaufhörlich schießt
Maschinenfeuer aus den Hinterläufen.

VI.

Im Leben wird so manches abgeschrieben:
Die Mathe-Arbeit seines Nebenmanns
(Wozu man selbst nicht fähig: dieser kann's),
Doch lässt das Abschreiben sich nach Belieben

Auch stilvoller als Nachdichtung einüben;
Abschreiben sollte man die Intriganz,
Bosheit und Niedertracht der Menschen ganz,
Abschreiben muss man, dass einem durchtrieben

Vom Weib Gut, Ehr‘ und Kind genommen wird
Und man Gesundheit und Prozess verliert
(Verraten werden einen stets die Seinen);

Abschreibungen erstattet das Geschick
– Bewährung heißt die Währung – uns zurück;
Göttliches Steuerrecht: Ungeist verneinen.

VII. POUR ELLE

Ich habe meinem Herzen nicht
Das Schlagen abgewöhnen können:
Es pocht zum Rhythmus vom Gedicht,
Zum Tanzschritt und zum Takt von Tönen.

Hoch schlägt es, und sein Schlag entspricht
Dem Guten, Gütigen und Schönen
Unbeugsam taktvoll, bis es bricht;
Es lässt sich nicht von Lärm zudröhnen.

Sein unbestechliches Gericht
War nie mit Falschheit zu versöhnen:
Es stürbe, wenn man es besticht ...

Am höchsten schlägt es voller Sehnen
Nach Dir, für Dich, und kein Verzicht
Wird es der Seligkeit entwöhnen.

DIE MONATE

I.

Wenn abends aus den Mägen Hunger pfeift,
Umschwirrt im Januar ein Schwarm von Dohlen
Den Schlachthof, weil dort Abfälle zu holen;
Der Frost hat ihre Fittiche versteift.

Und während man sich um die Brocken keift,
Hat eine schon den besten Teil gestohlen
Und fliegt davon. Der Mond grinst unverhohlen,
Rot aufgedunsen und fast ausgereift.

Er strahlt vor Schadenfreude, lässt vor allen
Verfolgerinnen sie den Bissen fallen
Und stürzt man sich ihm in die Tiefe nach.

Das Mondgesicht erscheint fahl und anämisch,
Steigt zunehmend empor und lächelt hämisch,
Weil ihnen es an Feistigkeit gebrach.

II.

Fastnacht vorbei –Venedigs Maske fiel:
Fassaden, die der Februar gehäutet.
Wenn heute stockend eine Glocke läutet,
Dann klingt es hohl, makaber, nekrophil.

Gebäude wurden häufig ausgebeutet,
Ostroms sakrale Baukunst im Exil
Zu spätbarockem, aufreizendem Stil,
Dem Ursprung längst entfremdet, fehlgedeutet.

Die Flut der Schaulustigen steigt wie das
Abwasser der Lagune: Leichenblass
Erträgt der Marmor den Gestank im Winter.

Narzisstische Paläste voller Prunk
Versinken darin vor Bewunderung
Und schauen in den Spiegel, nicht dahinter.

III.

Tauwetter und Ausdünstung reinigen:
Zu harschen Resten schmutzig-weißer Fetzen
Wird sich das Leichentuch des Schnees zersetzen
Und Korn mit Erdreich sich vereinigen.

Aus den Miasmen und dem steinigen
Grab keimt ein Leben, das nicht zu verletzen;
Zart sprießt die Hoffnung, darf sich glücklich schätzen,
Wachstum und Segen zu beschleunigen.

Die Auferstehung in der jetzigen
Passionszeit preisen die geschwätzigen
Vögel bereits am Sonntage Lätare:

Der Frühling kommt, wie es die findigen
Kraniche Anfang März verkündigen,
Damit ein Hauch von Grün sich offenbare.

IV.

Von all den grauen, mürrischen Gesichtern
Des Winters hat April die Nase voll:
Die Witterung verändert sich und soll
Dem lauen Lenz Naturtöne eintrichtern.

Zunächst erscheint das Gelb in reinem Moll
Und moduliert sein Thema noch sehr schüchtern,
Doch wer es aufnimmt, bleibt nicht lange nüchtern;
Sogar der Ginster wird vor Gelbsucht toll.

Auf nackten Zweigen singen die Forsythien
Vom Blatt und frieren unter gelben Mützchen
Trotz des weithin strahlenden Himmelblaus.

Quietschgelb schmettern Narzissen in Fanfaren,
Dasselbe ist auf Feldern zu gewahren:
Rhapsodisch rollt der Raps den Teppich aus.

V.

Wie weit man auch das Auge schweifen ließ:
Vor der Unendlichkeit von ihren Räumen
Vermag die Landschaft sich nicht aufzubäumen,
Und was ein höheres Wachstum verhieß,

Erliegt im Mai dem baldigen Verbiss
Der Herden, welche diese Kargheit säumen:
Hier kann nur Ginster, Farn und Heide keimen
Und nährt die Produktion von Fleisch und Vlies.

Geduldig hält das Kleinvieh immer wieder
Mit seinen Mäulern die Grasnarbe nieder
Und hat die Erde wiederum gedüngt.

Die weißen Wolken spiegeln sich auf grünen
Hügeln, und unter dem Azur erklingt
Ihr Blöken. Lauter Schafe. Mäh-Maschinen.

VI.

Als ob ihr Gold unter der Sonne berste,
Hatte die Ähre sich mit Korn gefüllt,
Bis sie, sich abwärts neigend, überquillt:
Von aller Last ist Fruchtbarkeit die schwerste.

Drückende Hitze. Und kein Wind umspielt
Den blonden Wuchs der Halme. Reife Gerste
Fällt von Getreidearten nun als erste
Den Mähdreschern zum Opfer, die sich wild

Und laut wie Kampfpanzer im Feld gebärden.
Die Erntewagen an Feldrainen werden
Den Körnern zum mobilen Massengrab,

Und Stoppelfelder sind nach diesem Morden
Im Juni schon zu Herbstzeichen geworden:
Man schneidet mit dem Korn den Sommer ab.

VII.

Rot dröhnen Vollernter mit Riesenscheren
Im Sternzeichen des Krebses durch das Feld,
Ohne sich um die Hundstage zu scheren,
Womit der Juli seinen Einzug hält.

Die Haspel dreht sich, schaufelt Halm und Ähren
Ins Schnittwerk, und so werden sie gefällt,
Gedroschen und geworfelt, bis aus leeren
Spelzen und Spreu die Frucht herausgeschält.

Das Stroh macht sich unter der Hächselhaube
Nach einem Trommelwirbel zum Transport
Über den Hordenschüttler aus dem Staube.

Die Schnecke in dem Abtankrohr rumort:
Im Strahl des Korns setzt sich sie Form der Schraube
Des Archimedes beim Entladen fort.

VIII.

Früh neigen sich die Tage im August:
Die Bahn der Sonne – kommt sie auf die schiefe –
Verliert an Höhe und gewinnt an Tiefe,
Doch der Gewinn an Tiefe ist Verlust.

Zur Ernte reift die Schöpfung voller Lust,
Als ob im milden Licht die intensive
Färbung zu einem Still-Leben entschliefe,
Vollendet, sich der Endlichkeit bewusst.

Und einen ausgelaugten Anblick bieten
Die Äcker, weithin leer und abgemäht,
Worauf die letzten Sommertage brüten.

Nur Klatschmohn, der zwischen den Stoppeln steht,
Beschert dem Feld noch unzeitige Blüten:
Wie flüchtig sind sie und wie bald verweht!

IX.

Es färbt das Licht der tiefstehenden Sonne
Schon im September auf die Blätter ab,
Und so vergilben sie allmählich, ohne
Dass sich der Sommer ganz hinweg begab.

Versteckt hält sich das Laubwerk in der Krone
Mächtiger Bäume vor dem Zauberstab
Des Herbstes, hoffend, dass er es verschone,
Da es nun hochbetagt, verwelkt und schlapp.

Es will sich hinter leichten Gazeschleiern
Diesiger Abende durch Schlaf erneuern,
Doch die Zahl seiner Tage ist begrenzt:

Der Herbst, der Alchimist, verwandelt immer
Mehr grünes Laub zu Blattgold, dessen Schimmer
Im Licht der tiefstehenden Sonne glänzt.

X.

Mein Garten hat nichts Besseres zu bieten
Als diese Spätfrucht voller Bitterkeit,
Trügerisch gelb wie erste Frühlingsblüten,
Hart wie das Unglück, dauerhaft wie Leid.

Man braucht sie nicht zu pflücken, überschütten
Sie doch von selber jedes Jahr erneut
Den Rasen im Oktober: Nur die Quitten
Sind, wenn sie fallen, unversehrt; bereit,

Nach ihrer Ernte jenen angenehmen,
Ein wenig stechenden Duft zu verströmen,
Der nach und nach das ganze Haus erfüllt.

Verarbeitet sie schnell, verwandelt ihre
Quälende Bitterkeit zu Konfitüre,
So wird die herbste Frucht des Herbstes mild.

XI.

Noch strahlender kann kein November sein
Als der, in dem sich unsre Lippen trafen:
Nur wolkenloser Himmel, Sonnenschein,
Wohl kaum für diese Jahreszeit geschaffen.

Fast waagerechte Strahlen hindert kein
Laubwerk am Einfall; nur die letzten schlaffen
Blätter am Ahorn wiegt der Nordwind ein,
Bis sie sich lösen, fallen und entschlafen.

Der Tag verdämmert. Du jedoch erglühst
Im selben Maße, wie das Licht zerfließt
Und neuen Raum schafft für den Glanz der Sterne.

Ich wünschte mir, wir wanderten zu zweit
Noch immer unter diesem Himmel, weit,
Ganz weit hinaus in unendliche Ferne.

XII.

Der Nachmittag erstarb im Drosselschlage,
Glutflüssig blutete der Horizont,
Erdrosselt – farbentrunkenes Gelage,
Das sich im Zwielicht des Dezembers sonnt.

Verwelkte Welten, schemenhaft und vage,
Erinnern mich an abgestumpftes Blond,
In purpurnes Pastell getauchte Tage ...
Und du bist fort – wie hast du nur gekonnt?

Dein Antlitz: Traumgesicht. Skizzierte Spuren,
Flüchtig dahingeworfene Konturen
Verdämmern nach und nach im Gegenlicht;

Die Farben, anstatt weiter zu verblassen,
Erglühen auf den Zügen, die mich hassen:
Ausmerzen lassen sie sich fortan nicht.

GALLSUCHT

– Tu ris jaune et trousse: sans doute
Crachant un vieil amour malsain;
La lave coule sous la croûte
De ton vieux cancer au sein.

TRISTAN CORBIÈRE.

I. RONDEL POUR AVANT

Sein Stern ist ziemlich schnuppe – er verbleicht,
Wenn er der Welt kometenhaft entweicht.
Doch keiner krümmte seinem Schweif ein Härchen,
Da es Sterntaler hagelte: Das reicht,

Um Dichtungen wie vogelfreie Lerchen
Im Anthologenkäfig einzupferchen;
Sein Stern ist ziemlich schnuppe – er verbleicht

Vielleicht verflucht, vielleicht verwünscht, vielleicht
Verwunschen in Luftschlössern seiner Märchen
Als toller Hund, den besser man verscheucht,
Gallig und gallisch, bissig, ohne Herrchen ...
Sein Stern ist ziemlich schnuppe – er verbleicht.

II.

Im Nacken sitzt ihm ein gewitzter Schalk,
Der ständig Fratzen und Grimassen schneidet.
Er hat sich die Perücke angekreidet:
Sein weises Haupt verbreitet weißen Kalk.

Sein heißes Antlitz aber wird zu Talg
Und schmilzt dahin, bis Tränen er vergeudet,
Weil er verliebt ist und darunter leidet,
Dass er ein Zwerg ist, Hofnarr, Wechselbalg.

Schlich er ihr nach, kam sie ihm auf die Schliche,
Und deshalb hatte dieser Unglückliche
Ein offenes Geständnis abgelegt.

Obwohl er sie so lange angebetet,
Schien sie darob nicht sonderlich bewegt
Und lachte nur. Das hatte ihn getötet.

III.

Er war, als die Ergötzung
Der Leser eskaliert,
An innerer Verletzung
Und TBC krepiert.

Persönliche Wertschätzung
Hat ihn dann exhumiert
Und ihn in Übersetzung
Nach Deutschland überführt.

Verleger tun verlegen:
In die Schublade legen
Oder Bezuschussung!

Der Kostenpunkt für *Gelbe
Amouren* ist derselbe
Bei Druck- und Grablegung.

IV.

Kann ich mich selbst nicht innerlich verhärten,
Abstumpfen lassen und durch Ironie
Tolldreist den Tatsachen hohnsprechend die
Heimliche Zuneigung zu dir entwerten?

Ach nein! Vergebens ist die Liebesmüh!
Rietest du doch, wie diese unerhörten
Inkonsequenzen mein Gemüt beschwerten!
Nun aber kennst du meine Sympathie.

Alles, was seit Jahrzehnten abgetötet,
Grünt wiederum und blüht mir nun verspätet,
Obwohl ein solcher Lenz mir nicht erlaubt.

Chancen gibt es nicht mehr, wir sind gebunden.
Hätten wir uns doch früher schon gefunden!
Trösten wir uns: Lang lebt, was tot geglaubt.

V.

Erobert, geschleift und verlassen
Und Salz auf die Flächen gesät:
Ein Trümmerfeld. Darauf entsteht
Kein Leben, kein Lieben, kein Hassen.

Der Anblick der Sterilität
Lässt sich kaum in Worte fassen;
Er schmerzt über alle Maßen
Und jegliche Hoffnung vergeht.

Und dennoch beginnen vor diesen
Ruinen die Tränen zu fließen,
Unfruchtbar auch sie; allenfalls

Vermag es ihr Lauf, kaum zu hemmen,
In fernerer Zukunft das Salz
Aus unseren Böden zu schwemmen.

VI.

Mit welchem Aberwitz du all die vielen
Rechtfertigungen deiner selbst anführst,
Um weiterhin das Nesthäkchen zu spielen,
Nachdem du sechsunddreißig Jahre wirst!

Wie du den Mann um eines Kindes willen
Zum bloßen Samenspender degradierst,
Entbindest du ... dich ... von ... Muttergefühlen
Und halst den Eltern auf, was du gebierst.

Dasselbe Spiel hast du mit deinen Lieben
(Beischläfern, Eltern oder Kind) getrieben,
Die du benutzt, abhalfterst, fallen lässt.

Du kannst nicht lieben, lediglich ausbeuten;
Ein Mensch nur hat dir etwas zu bedeuten:
Das bist du selbst in deinem Kuckucksnest.

VII.

Du wirst vergessen, du bist abgeschrieben:
Bindungsangst – Feigheit vor dem Freunde – bleibt
Traumatisierend im Gedächtnis, treibt
Dir aus, dich jemals wieder zu verlieben.

Nun, in Enthaltsamkeit magst du dich üben,
Denn gegen eine Wiederholung sträubt
Dein Stilgefühl sich: Bleibe unbeweibt,
Wie sehr Alleinsein dich auch umgetrieben.

Noch besser als in Betten lebst du dich
Auf dem Papier aus; über den Sonetten
Lassen die Trümmer deiner Träume sich

Aus der Konkursmasse der Liebe retten:
Sie werden dich als Dichter sicherlich
Auf Rosen und als Mensch auf Dornen betten.

VIII.

Wie man gewinnbringend sich scheiden lasse,
Hat er ihr längst gesteckt und schritt zur Lenkung
Und wusch das Bargeld aus der Haushaltskasse
Und tarnte dessen Rücktransfer als Schenkung.

Das Teilhacken kam seinem Plan zupasse;
Er förderte es bis zur Selbstverrenkung,
Gewährte mit scheinheiliger Grimasse
Dem Kober Obdach und dem Gatten Kränkung.

Doch die Beistandsunfähigkeit der Mutter
Den Kindern gegenüber bei akuter
Gewalt des Lovers hat er abgestritten ...

Der Schwiegervater ließ als ausgekochter
Zubringer und Zuhälter seiner Tochter
Dem Nachwuchs Zoff, den Ex zur Kasse bitten.

IX.

Gewaltig trennt sich nun das Paar
In einem Rechtsstreit voller Härten
Und Bosheiten, die wunderbar
Dem Ehrlichen am längsten währten.

Da sprach kein Schiedsmann: Es ist gut.
Schikanen, heimlich, still und leise,
Nehmt Vätern noch den letzten Mut.
Nur Lug und Trug grüßt auf der Reise.

Ums Sorgerecht tobt wilder Streit;
Die Anwälte verdienen munter.
Die Sache geht den Bach hinunter,

Und der Beschwerde ist man leid ...
Wie schön sich Spruch an Rechtsbruch reiht –
Das geht in Ruh und Schweigen unter.

X.

Kinderschicksal ist besiegelt:
Erst geschniedelt, dann gebügelt,
Weggesperrt und festgeriegelt
Und zuweilen durchgeprügelt.

Schon aus Unterhaltsrücksichten
Sieht die Mutti es mitnichten;
Auf den Lover zu verzichten?
Lieber sucht sie nach Ausflüchten.

So hat sie sich eingeigelt
Und beim Richter abgewiegelt
Und ihm Märchen vorgespiegelt.

Wahrheitswidrigen Berichten
Folgt der Richter bei der schlichten
Festschreibung von Zahlungspflichten.

XI.

Mein Kind, versteck dich, sonst entdeckt dich
Der Märchenonkel; sein Geschmack
Weckt und befleckt dich – wie erschreckt ich,
Denn Pädophile sind auf Zack:

Erst Tischlein-deck-dich, Esel-streck-dich,
Dann kommt der Knüppel aus dem Sack,
Erregt dich, neckt dich, schmeckt konfektig,
Bezweckt nichts außer Schabernack.

Die Schlüssel zu dem Himmel leiht er
Dem Kinde, stimmt den Lümmel heiter;
Lieb Jugendamt, magst ruhig sein!

Dass mir das Sorgerecht genommen,
Obwohl mir rechte Sorgen kommen,
Schert kein Gericht. Mich ungemein.

XII.

Sich noch am Opferschutz beteiligen,
Wo es doch nur Privatpersonen trifft?
Vor solch haltlosen und langweiligen
Ansinnen schützt euch eure Dienstvorschrift!

Rechtsschutz – vollmundig von Großmäuligen
Auf sehr geduldigem Papier verbrieft –
Heißt faktisch, dass die allzu Eiligen
Auf ihre Melkbarkeit hin überprüft.

Schaut auf das Ausland: Wir sind billiger
Und unsere Beamten williger,
Und unsre öffentlichen Kassen fett.

Und wer je nach Verbrechen fahndete,
Erfährt, dass sie kein Richter ahndete:
Organisierte Kriminalität.

XIII.

Geilheit bis zum Sodbrennen im Hals
Kann der beste Mann nicht bändigen;
Diese Alte mit der ständigen
Geilheit bis zum Sodbrennen im Hals
Wird die nächste Ehe ebenfalls
Auf dem Scheidungsweg beendigen:
Geilheit bis zum Sodbrennen im Hals
Kann der beste Mann nicht bändigen.

Solchen Ludern sollte man niemals
Herz und Geldbörse aushändigen,
Gierig sind die Unanständigen!
Solchen Ludern sollte man niemals
Trauen; bei der Trennung nach der Balz
Nehmen sie es vom Lebendigen.
Solchen Ludern sollte man niemals
Herz und Geldbörse aushändigen.

Hier verliert man Hopfen nur und Malz:
Da die Richter sich verständigen,
Wird der Arme zum Elendigen;
Hier verliert man Hopfen nur und Malz,
Zahlungspflichtigen verbleibt nichts als
Der Bedarfssatz des Notwendigen ...
Hier verliert man Hopfen nur und Malz,
Da die Richter sich verständigen!

MILLENNIUM MAMMA
(TU FELIX HARPAGIA NUBE)

„Gestohlenes Wasser ist süß und
heimliches Brot schmeckt fein."
SPRÜCHE SALOMOS.

I.

Der große Wurf als Lebensleistung: Prächtig
Versorgt durch Hochzeit und mit Leibesfrucht
Wirft die einst Trächtige dann niederträchtig
Examen, Ehe, Ehre, Scham und Zucht.

Die Selbstverweigerung wähnt sich allmächtig
Und opfert alles ihrer Eigensucht;
Gewinnträchtig entschließt sie sich bedächtig
Vor jedweder Verantwortung zur Flucht.

Als Wehr und Waffen dienen ihr die Kinder,
Missbrauch des Sorgerechtes und nicht minder
Der Mythos vom heiligen Muttertier.

Die Küken lassen sich die Flügel stutzen,
Das Herz vergiften und den Hintern putzen;
Der Hampelmann von Vater zahlt dafür.

II.

Dies Aas kann unterm Torf kaum schlimmer stinken
Als auf der Erde: programmatisch faul.
Sie klaut nur, aast mit Klauen, Lügenmaul:
Hyäne, fit im Rechten wie im Linken.

Und stinkt dem Mann ihr ewiges Gemaul,
So wird ihm der Prozess von einen flinken
Abdecker des Familienrechtes winken;
Dann schindet sie den nächsten Ackergaul.

Durch Fleddern ihres näheren Umfeldes
Nährt sie sich als Verweserin des Geldes,
Das aus dem Unterhalt der Kinder kam.

Tief packt dem nackten Mann sie in die Tasche ...
Welch ein Vermögen! und auf diese Masche
Entblößt sie ihn des Gelds und sich der Scham.

III.

Geld wird veruntreut, weil man Arbeit scheut;
Man braucht es nur zu waschen und verwalten
Und kann sich dabei prächtig unterhalten,
Jahrzehntelang, auf Kosten andrer Leut'.

Nun steht das eigen Fleisch und Blut bereit:
Längst volljährig, lässt es sich von der Alten
Für- und vorsorglich unselbständig halten ...
Sie zahlt sich aus, diese Bequemlichkeit!

Nur der Gedanke an die Rechnungslegung
Versetzt Madame in panische Erregung,
Weil sie die Wirtstiere verlieren kann,

Durch deren Weichspülung sich die gestörte
Zwanghaftigkeit parasitär ernährte,
Der Habgier treuer als jedwedem Mann.

IV.

Den Nachwuchs richtet sie zum Apportieren
Auf die Geldbörse ihres Alten ab
Und hält den einen wie die andern knapp,
Um möglichst alles für sich abzuführen.

Sie mästet ihre Konten, bringt durch ihren
Schmierigen Rabulist den Ex auf Trab,
Die Meute lässt sich hetzen, doch es gab
Hier Zukunft sowie Vater zu verlieren:

Sie feilschen um den Unterhaltsanspruch,
Erstreiten ihn als Erbteil und als Fluch;
Um was man sie gebracht, erschließt sich später.

Die zynische, müßige Existenz
Der Alten profitiert von der Sentenz,
Und er kennt nur charakterlose Köter.

V.

Um sich zu schämen, braucht man Schamgefühl,
Doch das hat diese Bande nicht besessen.
Stattdessen wird von fremdem Gut gefressen,
Und man betreibt es als Gesellschaftsspiel.

Nie wird es langweilig und nie zuviel;
Wer schuftet ist der Schuft und wird vergessen,
Und klagt er, grinsen ihre fiesen Fressen,
Und weiter plündern sie in großem Stil.

Das nicht Verzehrte bleibt der Zukunft wegen
Als heimliches Vermögen anzulegen,
Sodass sich Müßiggang vor Arbeit schützt.

Schuld ist, wer es verdient; wer nicht: begnadet.
Recht ist, was diesem Volk – der Mehrheit – nützt,
Und Unrecht, was diesen Schmarotzern schadet.

VI.

Nach zwanzig Jahren Dienst als Entertainer
Für seine Kinder (laut Familienrecht
Alleine unterhaltend) meinte jener
Hans Narr, er habe nun genug geblecht.

Da kannte er die ganze Sippschaft schlecht:
„Ein Vater sein? Das wäre ja noch schöner!
Wir sind die Tagediebe, er der Knecht,
Und weiter zahle unser Tagelöhner!“

An ihm vollziehen sie nun das Gericht,
Um noch mehr Geld zu angeln und erzählen
Märchen von „Mama“, die nie in der Pflicht ...

Geist bleibt der Selbstbehalt, ist nicht zu stehlen,
Geist lässt sich nicht verstecken noch verhehlen,
Geist liebt man oder man versteht ihn nicht.

VII.

Die Großdiebin kann nur philisterhaft
Lügen, betrügen, gaunern und erschleichen;
Die Kinder in mentaler Geiselhaft
Zahlen dafür und können nicht entweichen.

Durchschaut man sie, so wird man abgestraft,
Und ist man ihr nicht willfährig, desgleichen.
So „selbstlos“ sie laut Lebenslüge rafft,
Muss „ihr“ Vermögen der „Familie“ reichen.

Vor lauter Solidarität verspürt
Dies Jungvolk nicht, wie es bestohlen wird:
Großeltern, Vater und deren Verwandten,

Zielstrebigkeit, Charakter, Sicherheit,
Freiheit, Moral und Bildungsfähigkeit
Gehören zu den großen Unbekannten.

VIII.

Halbwüchsigen wird sie das Naturell
Sozial sowie emotional verkrüppeln
Und jede edle Regung niederknüppeln,
„Erziehung“ heißt dies Lernen am Modell:

„Versauft bereits zu Lebzeiten *Sein* Fell,
Macht euch zu Sklavenhaltern und zu Rüpeln;
Droht der Dukatenesel abzunippeln,
Darf man besorgt sein (doch nur finanziell).“

Die Vaterschaft hat sich bei solcher Predigt
Der Abgefeimtheit bald von selbst erledigt;
Blind glaubt und folgt man der Brutalität.

Er mag schon zu Lebzeiten Abschied nehmen,
Dann braucht sich niemand mehr posthum zu grämen;
Scheißt auf die Rührszene am Sterbebett!

IX.

Dem Alten präsentiert man den Beleg
Von Konten, deren Kohle abgehoben
Und von der Kindesmutter längst verschoben:
Soziopathisch, skrupellos und schräg.

In steiler Karriere führt der Weg
Vom Kober abwärts bis zum Schweinekoben;
Man darf den Tag schon vor dem Abend loben
Mit Unterhaltsbetrug als Hypothek.

Die Ferkelchen sind quietschfidel und reihen
Sich an den Trögen bei den Muttersäuen
Zum ekelhaften Fraß – wem ist er leid?

Kein Ring, kein Feierkleid, kein Kalb geschlachtet,
Kein Sohn, der um- und heimzukehren trachtet,
Kein Vater, welcher sich der Urständ freut.

X.

Recht ist juristischer Erfolg mitnichten;
Nur Augen zu und durch! Blindlings verfährt
Justitia, deren Sehorgan gestört:
Borniertheit pflegt verblendete Ansichten.

Die Rechte? *Ihre Rechte* führt das Schwert,
Um hinzurichten anstatt aufzurichten,
Dem Zahler wirft sie es zu den Gewichten,
Die seine Waagschale schon längst beschwert:

Weh den Erwerbstätigen! Doch den kühnsten
Schnorrern und Nassauern steht sie zu Diensten,
Vorauseilend gehorsam, nicht für Geld:

Im Namen der Canaille scheint tatsächlich
Ihr Urteil recht ... *mäßig* ... und unbestechlich,
Weil jedes Rechtsempfinden dabei fällt.

XI.

Der Rechtsanspruch erkennt, wer rupfbar ist
Und als Verdienender legal zu plündern;
Die Früchte seiner Arbeitskraft genießt
Ein Kollektiv aus Blutsaugern und Schindern.

Wer die Erwerbsobliegenheit vergißt,
Braucht seine Ansprüche nicht zu vermindern,
Das sicherste der Einkommen erschließt
Die Sippenhaft von Eltern, Ex und Kindern.

Familienrecht gib es nur in Gestalt
Berechnender und unberechenbarer
Schröpfköpfe der Justiz: So liegt ein wahrer

Geldsegen über jedem Selbstbehalt!
Die stärksten Bande sind Familienbande,
Bleibt die Familie doch die schlimmste Bande.

XII.

Als ob Kopflosigkeit sich selbst behaupte,
Gaben die Flügel der Begeisterung
Und des Erfolges ihrem Körper Schwung,
Der sich über dem Bug nach oben schraubte.

Wie leicht entfliegt all das, woran man glaubte!
Wie göttlich war allein die Vorstellung
Ewiger Jugend! Doch meist stirbt sie jung,
Und wenn sie abhebt, trennt sie sich vom Haupte

(Unauffindbar verloren), spreizt sich vorn
Auf der Galeere über dem Rammsporn ...
Was Nike eingebüßt, fehlt allen Siegern,

Und ihr Triumph ist ein kopfloser Wahn.
Nur Scheitern macht gescheit – bei Überfliegern
Kommt es letztendlich auf die Landung an.

XIII. BALLADE VOM EWIGEN SELBSTBEHALT

Erweist sich die Justiz als segensreich
Im Sinne von Anwälten und Gerichten,
Dann heißt Gerechtigkeit: Bereichert euch,
Verdient wird am Konflikt und nicht am Schlichten!
Den Preis hat der Malocher zu entrichten,
Egal ob schuldig oder nicht: Er zahlt
Und muss sich möglichst lang dazu verpflichten ...
Familienrecht kennt nichts als Selbstbehalt.

Mit Hochzeit und drei Kindern ist sogleich
Auf die Berufstätigkeit zu verzichten,
Dann setze man die Ehe in den Teich
Und halte nur die Hand auf, denn das Dichten
Und Trachten richtet sich auf das Umschichten
Des schwer Verdienten durch die Staatsgewalt:
Aus Unterhaltsknechtschaft kann keiner flüchten,
Familienrecht kennt nichts als Selbstbehalt.

Faulpelze leben wie im Himmelreich;
Dem Fleißigen wurden durch Sonderschichten
Und Überstunden längst die Knie weich,
Dennoch verringern sich die Zahlungspflichten
Über Gebühr und alles Maß mitnichten.
Was greifbar ist, das hat man sich gekrallt,
So lässt sich reinstes Anspruchsdenken züchten:
Familienrecht kennt nichts als Selbstbehalt.

Beitrag

Derartig sittenwidrige Absichten,
Mein höchster Richter, lassen dich nicht kalt,
Denn du erkennst den Baum an seinen Früchten;
Familienrecht kennt nichts als Selbstbehalt.

PANDORA CARNIVORA

I.

Die Woche zwier
Macht im Jahr hundertvier;
Das schade weder ihr noch mir.
MARTIN LUTHER.

Ein guter Gatte wichst zweimal die Woche,
Hat, Luther parodierend, er gemeint,
Doch das ist mehrdeutiger, als ihm scheint:
Ein guter Gatte wichst zweimal die Woche,
Ein schlechter notzüchtigt, scheut die Maloche,
Wichst mehr, geht fremd oder zum schwulen Freund.
Ein guter Gatte wichst zweimal die Woche,
Hat, Luther parodierend, er gemeint.

II.

Wieder und wieder hat er in den Gassen
Zur Sicherheit um sich herumgeblickt,
Bevor er sich in das Kabuff verdrückt,
Für Niemanden dank Sichtschutz zu erfassen.

Nachdem der Herr die Scheckkarte gezückt,
Darf er das Ding im Schlitz verschwinden lassen
Und dem Gerät ein Nümmerchen verpassen,
Das insgeheim er unter Fingern drückt.

Was seinen Augen sich an baren Reizen
Dahinblättert, wird seine Gier anheizen,
Bis er sie vollständig befriedigt hat.

Doch diese Freude unterhalb des Gürtels
Verschafft ihm keine Frau des Rotlichtviertels,
Sondern wie üblich der Geldautomat.

III.

Die Dessous-Shows füllen Hallen:
Wenn die ersten Hüllen fallen,
Hat sogar der Biedermann
Stilaugen. Im Miederbann

Kam nach Neheim-Hüsten bald er
Wegen dieser Büstenhalter.
Auch setzt ihn das Höschen matt,
Welches dies Mimöschen hat.

Auf verschwitzte, klamme Strapse
Gäb er gerne stramme Klapse,
Aber hier im Sauerland

Lässt des Laufstegs lauer Sand
Ahnen, dass trotz schlanker Beine
Dieses geistig blank erscheine.

IV.

Sie halten sich vor lauter Albernheit
Mit nunmehr siebzehn Lenzen schon für Dämchen,
Und kichernd folgen diese Tittenlämmchen
Ganz der Geschmacksverirrung ihrer Zeit.

Man gibt sich einen Anstrich von Problemchen,
Macht Stunden sich im Badezimmer breit
Und steuert seines Fleisches Blödigkeit
Mit Wattebäuschchen, Pinselchen und Schwämmchen.

Die Aufmachung als Sonderangebot
Mit Lidschatten und penetrantem Rot
Auf Lippen, Wangen, Fuß- und Fingernägeln

Lässt jedwede Kosmetik hundertfach
Von der Substanz her durch die Prüfung segeln:
Das Fleisch ist willig und der Geist ist schwach.

V.

Heiße Küsse
Sind gewisslich
Höchst ersprießlich
Für Ergüsse;

Blasen müsse
Sie genüsslich
Ihm einschließlich
Schwanz die Nüsse ...

Die Auswüchse
Seiner Geilheit:
Welch ein Highlight

Für die Büchse
Der Pandora
Carnivora!

VI.

Will Vater Staat mit seiner gnädigen
Einführung rechtlich anerkannter Ehen
Für Gleichgeschlechtliche das Wohlergehen
Unsrer Familienordnung schädigen?

Als bloßer Vorwand ist sein Predigen
Gesellschaftlicher Toleranz zu sehen:
Der Last, ledigen Bürgern beizustehen,
Will er sich lediglich entledigen.

Nur so kriegt man die Einzelnen zu fassen
Und kann sie füreinander haften lassen,
Vor allem unabhängig vom Geschlecht.

Dass sie nicht fruchtbar sind, sich nicht vermehren,
Ist zwar ein Übelstand, doch dem zu wehren
Obliegt dem Adoptions- und Sorgerecht.

VII.

Geschlechtsspezifisch fördern und gewinnen
Heißt es bei Bettschwestern und warmen Brüdern;
Die Koedukation muss sie anwidern,
Weil sie sich stets des höchsten Ziels entsinnen:

Die Knaben mausern sich zu strammen Gliedern
Der Herrenrunde, und Mädchen beginnen
Sich analog als fesche Reiberinnen
Der lesbischen Fürsorge anzubiedern.

So halten die Tribaden und die Schwuchteln
Die Jugendlichen unter ihren Fuchteln,
Und Hetero-Verkehr gilt als Todsünde.

Zu „Ordensbrüdern" und zu „Ordensschwestern"
Erzieht man sie getrennt wie einst in Klöstern:
Die Homo-Adoption hat gute Gründe.

VIII.

Legitimieren die Regierungen
Den Lebensbund von Homosexuellen,
Wieso dann die Diskriminierungen
Von Haustieren, Reitpeitschen und Handschellen?

Geschlechtliche Orientierungen
Als Spielarten der Gattung darzustellen
Heischt analoge Rechtsausführungen
Für schrille und aparteste Gesellen.

Die Sexualität beflügelte
Unzähmbare und ungezügelte
Einbildungskraft voller Erfindungsgabe:

Hier offenbart sich die Gelehrigkeit
Menschlicher Bindung bis zur Hörigkeit,
Und Scham ist nur ein törichtes Gehabe.

IX.

Das Tier verschafft absonderliche Freuden:
Zuweilen hält man einen Hund, weil man
Die Ehefrau nicht schikanieren kann
Beziehungsweise den Gemahl; in beiden

Fällen hat Hundchen permanent zu leiden.
Ein andrer wünscht sich stellvertretend an
Dem Triebleben von seinem Dobermann
Bei Impotenz und Frustration zu weiden.

Fettmöpse suchen ihresgleichen, weil
Sie lieber über deren Speckanteil
Als über ihre eigne Fressgier lachen.

Der Kampfhund wie der Schoßhund aber wird
Mit Vorsatz abgerichtet und dressiert,
Um ihn oder sein Frauchen scharf zu machen.

X.

Der Wintereinbruch kam beim Länderspiel,
Als plötzlich auf der Mattscheibe es schneite;
Davor saß gut ein halbes Dutzend Leute,
Denen die Unterbrechung sehr missfiel.

Dem Gastgeber entfuhr es: „Schluss für heute!“
Der Grund der Bildstörung war höchst skurril,
Worüber er aus lauter Schamgefühl
Die Gäste höchst vertraulich nur einweihte:

Der Göttergatte der Vermieterin
Könne sie nach seinem transsexuellen
Outing nicht mehr richtig zufriedenstellen ...

Still gingen sie hinaus, wobei sie in
Dem Nachbarzimmer jenen nicht entstörten
Vibrator mit dezentem Summen hörten.

XI.

Wenn man sich heute über Sextourismus
Ereifert und voller Entrüstung schreit,
Zwingt aktiv abstoßende Hässlichkeit
Der Feministinnen zum Eskapismus.

Hinzu kommt ein gerüttelt Maß Zynismus
Bei dieser schlecht verhehlten Lüsternheit
Auf nackte Tatsachen und blanker Neid
In Form von selbstgerechtem Moralismus.

Am penetrantesten gegeifert wird
Von den berufsbetroffenen Megären,
Die seit Jahrzehnten keiner angerührt.

Mit stets bereiten, ausdauernden Herren
Zeigen sie bei der nächsten Urlaubswahl
Einfache Sitten, doppelte Moral.

XII.

Der Ehesegen weckt Begehrlichkeiten,
Doch dass Protest-Tunten bei Protestanten
Zur welschen Hochzeit in die Kirchen rannten,
Schafft Schwulitäten und Beschwerlichkeiten.

Fortpflanzung aller Schöpfungsvarianten
Zeigt Gottes Reichtum, seine Herrlichkeiten;
Sein Wort und Werk birgt Unerklärlichkeiten,
Doch Segen und Vermehrung sind Konstanten.

Indessen fehlt es nicht an Schriftgelehrten,
Die es dolos ins Gegenteil verkehrten
Zur schamlosen Ergötzung von Jan Hagel:

Teilhaben dürfen die sichtlich Erregten
An der Fleischwerdung Gottes; darum legten
Sie ihn aufs Kreuz, und dann folgt das Genagel.

XIII.

Öffnet die Büchse der Pandora sich,
Entspringen ihrem Schoß die Übel alle,
Nur Hoffnung nicht. Gleich einem Genitale
Öffnet die Büchse der Pandora sich,
Und Hoffnung lockt, der niemand je entwich,
Nach dem Prinzip der Venus-Fliegenfalle:
Öffnet die Büchse der Pandora sich,
Entspringen ihrem Schoß die Übel alle.

WAS HÄNSCHEN NICHT LERNT

Nun denn, mit Egoismus seid
Ihr, wie ich weiß, gut ausgestattet
Und selbst für Holocauste hattet
Ihr höchste Weisungen bereit.
JULES LAFORGUE.

I. RECHTSCHREIBREFORM

die orthogravieh-einführung
fördert die legasthenierung
d(umm)-f(ickt)-g(ut)-analfabeten
haben sich's anal verbeten
der ph-wert wirkt als malus
auf den härtegrad des fallus‘
und aus dem ff will keiner
unsrer griechen und lateiner
pisa-studien mit schiefen
turmbauten auf sand vertiefen
geistige ergüsse hassen
afterlehrer hintersassen
unsre bildungspotentiale
bilden die potenz-fanale
man wird sie in allen klassen
abschlagen und hängen lassen
so gibt jede vogelmutter
ihren küken mogelfutter

II. BRETTERGYMNASIEN

Solche sind vor allem lernbehindert,
Deren Förderung sich wirklich lohnt;
Man vernachlässigt sie wie gewohnt:
Solche sind vor allem lernbehindert,
Weil man ihre Bildungschancen mindert
Und den Störenfried wie Schwachkopf schont.
Solche sind vor allem lernbehindert,
Deren Förderung sich wirklich lohnt.

Ackergaul und Rennpferd? Mittlerweile
Gibt es nur noch Ackergäule hier,
Und suspekt ist jedes edle Tier.
Ackergaul und Rennpferd? Mittlerweile
Nutzt man Rennpferde als Ackergäule,
Und selbst Pegasus muss ins Geschirr ...
Ackergaul und Rennpferd? Mittlerweile
Gibt es nur noch Ackergäule hier.

Bildung läuft als Bulimie-Erkrankung
Auf geistige Magersucht heraus,
Stoffmäßig schwelgt sie in Saus und Braus:
Bildung läuft als Bulimie-Erkrankung
Über pflichtschuldige Druckbetankung;
Unverdaut kotzt es der Prüfling aus.
Bildung läuft als Bulimie-Erkrankung
Auf geistige Magersucht heraus.

Protegiert wird nur, was mittelmäßig,
Unabhängigkeit und Freiheit nicht
Und schon gar kein geistiges Gewicht.
Protegiert wird nur, was mittelmäßig,
Harmlos, fügsam, angepaßt und bräsig;
Tut auf eure Urteilskraft Verzicht:
Protegiert wird nur, was mittelmäßig,
Unabhängigkeit und Freiheit nicht.

Solche sind vor allem lernbehindert,
Deren Förderung sich wirklich lohnt;
Man vernachlässigt sie wie gewohnt:
Solche sind vor allem lernbehindert,
Weil man ihre Bildungschancen mindert
Und den Störenfried wie Schwachkopf schont.
Solche sind vor allem lernbehindert,
Deren Förderung sich wirklich lohnt.

III. McDONALDISIERUNG

Durch das Verhumburgern *McDonald's* hub's
Gewaltig an mit dem Apostrophieren
Des Genitiv-„s". Wohin wird es führen?
„Der Tramp. Reisen für Gruppen und für Club's."

Prunkendes Halbwissen des „Bildungsschubs"
Wird unfreiwillig auch Realsatiren
Von approbiertem Wirtschafts-Denglish zieren;
Werbung verstärkt den Müll der *pressure-groups*.

Gedankenlos treibt man *learning by doing*;
Im Leichenschauhaus gibt es *public viewing*
Ohne TV-Rechte, und *body bag*

Heißt Leichensack – passend für Damenmoden –
Big Balls (ein kugelrundes Maisgebäck
Zu der Fußball-WM) sind schlichtweg Hoden.

IV. PROST MAHLZEIT

Müllschluckern wird Mülltrennung angetragen
Und mit *Fast Food* (fast Futter) praktiziert,
Was bald zum Umsatz ganzer Berge führt ...
Müllschluckern wird Mülltrennung angetragen:
Müll für die Umwelt und Müll für den Magen,
Bis man an beiden Drecksorten krepiert.
Müllschluckern wird Mülltrennung angetragen
Und mit *Fast-Food* (fast Futter) praktiziert!

V. PHILOLOGEN

Sie urteilen instinktsicher wie Tiere:
Der Textkorpus wird von Buchstabenfressern
Vor dem Verzehr geprüft auf Herz und Niere,
Geist leitet man aus Flaschen ab und Fässern.

Beckmesser schielen auf den Quell, um ihre
Klappernde Mühle plappernd zu bewässern,
Doch kritisch-sinnentstellende Lektüre
Vermag nur zu verbösern, nicht verbessern:

Ihr Urteil prägt den Dichter zum Unholde,
Zum bloßen Triebtäter und Trunkenbolde;
Nein, mit Verlaine will kein Gelehrter tauschen ...

Verdaulich wird das Geistreiche und Schöne
Nur durch den Musenquell der Hippokrene,
Mit Fusel lassen sie ihr Mühlrad rauschen.

VI. SEKUNDÄRTUGENDEN

Greife bloß nicht nach den Sternen,
Denn sie sind für dich zu weit;
Setze, statt dich zu entfernen,
Auf Stromlinienförmigkeit!

Jeder muß beizeiten lernen,
– Dein Charakterlos erfreut –
Sich selbsttätig zu entkernen:
Steh im Windkanal bereit,

Sei nur anstellig und völlig
Farblos, völlig unauffällig,
Diese Leistung wird bezahlt!

Mit gewiefter Resteinstellung
Zu verbriefter Festeinstellung;
Der Gehalt drückt das Gehalt.

VII. KUNDENDIENST

Was wird schon gut, nur weil es lange währt?
Reiht euch am Ende in die endlos lange
Boa constrictor dieser Warteschlange
Vor Servicekräften ein und seid belehrt,

Dass man euch einen Gnadenakt gewährt,
Bequemt nach Stunden man sich zum Empfange!
Es geht ausschließlich um Konzernbelange;
Der Käufer ist das einzige, was stört.

Entsprechend wirkt das Personal stupide,
In jeder Hinsicht unbeweglich, müde ...
Auf nonverbale Art bedeutet man

Sowohl dem ersten wie dem letzten Kunden,
Der sich in dieser Schlange eingefunden:
Nun stellen Sie sich bitte nicht so an!

VIII. WOHLFAHRTS-AUSSCHUSS

Die Vorstellung von der Friedfertigkeit
Des Menschen bombt uns keiner aus den Köpfen;
Bekriegt das Denken, um es zu erschöpfen!
Die Vorstellung von der Friedfertigkeit
Macht kampfstark, zum Martyrium bereit,
Denn niemand trennt sich gern von alten Zöpfen.
Die Vorstellung von der Friedfertigkeit
Des Menschen bombt uns keiner aus den Köpfen!

Wer unsrer Sache keinen Glauben leiht,
Den werden wir gesondert uns vorknöpfen;
Bald zählt er zu den friedlichsten Geschöpfen.
Wer unsrer Sache keinen Glauben leiht,
Bleibt nicht vor Gleich- und Weichschaltung gefeit,
Wird kaum vor Tugendterror sich aufkröpfen:
Wer unsrer Sache keinen Glauben leiht,
Den werden wir gesondert uns vorknöpfen!

Die Friedensarbeit, welche uns erfreut,
Ist abhängig vom Ehrenamt und Tröpfen
Kirchlicher Mittel wie von Spendentöpfen.
Die Friedensarbeit, welche uns erfreut,
Heißt Wettrüsten der Selbstzufriedenheit
Glücklicher Kühe, herrschsüchtiger Schnepfen;
Die Friedensarbeit, welche uns erfreut,
Ist abhängig vom Ehrenamt und Tröpfen.

IX. DER SOHN

Kirche bin von Gottes Gnaden ich;
Schon im Mutterleibe auserkoren
Zeugte mich Sein Geist, der mich geboren,
Und nach Wasser tauft Sein Feuer mich!

Geist und Freiheit werden Stich um Stich
Aufgeblähte Anmaßung durchbohren:
Kirche bin von Gottes Gnaden ich,
Schon im Mutterleibe auserkoren.

Schriftgelehrte liegen säuerlich
Mir samt Pharisäern in den Ohren;
Ihr Bekehrungswerk erübrigt sich
Und geht letztendlich an mir verloren:
Kirche bin von Gottes Gnaden ich!

X. DUMPF UND STUMPF

Im Namen des Allmächtigen
Raubt man stets mit grobschlächtigen
Schlagworten den Andächtigen
Das Licht und lässt sie nächtigen,

Wobei die Niederträchtigen
Die Denkenden verdächtigen
Und das Geschmeiß zur prächtigen
Verfolgungsjagd berechtigen:

Dem Wahn wird man alleinigen
Wahrheitsbesitz bescheinigen
Und die Abweichler steinigen.

Die Gläubigen vereinigen
Sich, um die Welt zu reinigen;
Ihr Ende wird's beschleunigen ...

XI. PRESSEFREIHEIT

I.

Gegen Intoleranz ist jedermann;
Der Grund dafür lässt sich sehr leicht erspüren
Und wird niemals an Evidenz verlieren:
Gegen Intoleranz ist jedermann;
Je mehr man sie bei andren ablehnt, kann
Man seine eigne monopolisieren.
Gegen Intoleranz ist jedermann;
Der Grund dafür lässt sich sehr leicht erspüren.

II.

Die Horde bleibt vom Herdentrieb verblödet;
Es wird nur nachgedacht, wenn überhaupt
Gedacht wird und nicht einfach blind geglaubt.
Die Horde bleibt vom Herdentrieb verblödet,
Ihr wird gar Meinungsfreiheit eingeredet
Und bei Totalbespitzelung erlaubt.
Die Horde bleibt vom Herdentrieb verblödet;
Es wird nur nachgedacht, wenn überhaupt.

XII. GLOBAL

Verwaltungen und Ministerien
Müssen das öffentliche Wohl behindern
Zugunsten der Wirtschaftsimperien.

Wer wird die ständig neuen Serien
Sozialer Ungerechtigkeiten lindern?
Verwaltungen und Ministerien?

Die Zuständigen machen Ferien,
Gier spricht aus unverantwortlichen Mündern
Zugunsten der Wirtschaftsimperien.

Der Blutdruck steigt in den Arterien,
Wutbürger drohen Bossen, Steuersündern,
Verwaltungen und Ministerien.

Gemeinnutz zählt zu den Mysterien,
Globalisierung heißt: Weltweites Plündern
Zugunsten der Wirtschaftsimperien.

In China, Bangladesch, Algerien
Wird produziert – das Risiko vermindern
Verwaltungen und Ministerien
Zugunsten der Wirtschaftsimperien.

XIII. TOMBOLA (DAS LOS ZUM EINFALL)

„Auf die Plätze, fertig, los!“
(UNBEKANNT)

Der Einfall durch die Einfallslose
Mit Einfalls-Los: „Wir schaffen das!“
Schenkt Völkern grenzenlosen Spaß:
Der Einfall durch die Einfallslose
Verschafft den Nieten große Lose,
So zieht hier ohne Unterlass
Der Einfall durch die Einfallslose
Mit Einfalls-Los: „Wir schaffen das!“

UNTER STROM (I.)

I.

Fast klassisch – edle Einfalt, stille Größe:
In einem Strahl aus aufschießendem Gold
Wird Bier gezapft, so oft man es gewollt.
Fast klassisch – edle Einfalt, stille Größe –
Gibt sich die pralle Blase eine Blöße.
Dann uriniert der kleine Trunkenbold
Fast klassisch – edle Einfalt, stille Größe –
In einem Strahl aus aufschießendem Gold.

II.

Des Pilsgenusses bin ich überdrüssig,
Braut man laut unsren Flaschen auch devot
Nach dem volksdümmlichen Reinheitsgebot
Von 1516. Daraus schließ ich

Auf ein „frei nach ...“ Derartiges ist müßig:
Nicht die ausländische Chemie bedroht
Den Gerstensaft bei uns, das flüssig Brot,
Sondern die Tatsache, dass wir unschlüssig

Der Frage nachgegangen sind, ob man
Auch andre Biersorten probieren kann.
Durch Selbstzensur und Etikettenschwindel

Weicht die Vielfältigkeit der Braukultur
Der Uniformitäts-Nomenklatur:
Pils, Kölsch, Export, Alt und Berliner Kindel.

III.

Was ihren Namen anbelangt, enthalten
Zwei Biere, welche man in England braut,
Charaktereigenschaften meiner Alten,
Und zwar die wichtigsten: *Bitter* und *Stout.*

Wenn ich dem schiefen Haussegen entwische
Und, nach Vergessen suchend, nebenan
In meiner Kneipe ein paar Gläser zische,
Erinnern ihre Namen mich daran.

Und kehre ich, nachdem ich mich bedauert,
Ernüchtert heim, noch weit vor Mitternacht,
Hat sie mir an der Haustür aufgelauert
Und mir die Hölle wieder heißgemacht.

Doch war das Bier im Gegensatz zu diesen
Charakterfehlern durchaus zu genießen.

IV.

Der Pub, in den der Regen uns verschlug
(Innen verrauchter als außen der Nebel),
Verzapfte *Beamish*, *Worthington*, *Red Label*
Und *Flowers*, nach welch letzterem man frug.

Nicht unter Druck, sondern mit Unterdruck
Ward es ins Glas gepumpt durch einen Hebel,
One pint of ale, randvoll, ohne Feldwebel
Und kohlesäurearm ... Der erste Schluck:

Und was des Abgestandenen verdächtig,
Entfaltet sich im Gaumen derart prächtig,
Als ob den Himmel Sonnenlicht aufreißt

Und sich reife Getreidefelder dehnen,
Von deren Ähren man mit seinen Zähnen
Einzelne Körner abschält und zerbeißt.

V.

Als Klostergast beim unvermeidlichen
Besuch der Horen in den Kirchenschiffen
Ist man vom Duft der Heiligkeit ergriffen,
Riecht Segen – ewigen wie zeitlichen ...

Bete und braue! Vom unleidlichen
Geruch nach Bierhefe bei den Tartüffen
Im Chorraum lasse man sich nicht verblüffen;
Die Flasche mag den Kult verdeutlichen:

Hals über Kopf in brauner Kutte tragen
Sie je zu viert als unbegleitete
Bierbässe unter Kronkorken Pappkragen.

Ob man damit zur Wandlung läutete,
Wenn sich der Hauch von himmlischen Gelagen
Über dem Weihrauchduft ausbreitete?

Abbaye Saint-Gérard d'Ivrogne (Brogne).

VI.

Will man dir auch die Ehre von Altären
Aufgrund deiner Profanheit nicht gewähren,
So bleibt doch vollmundig dein Lob zu mehren,
Frucht der menschlichen Arbeit und der Ähren!

Wenn wir uns anbetend in dir versenken,
Lassen wir uns von deinen Zaubertränken
Zerfallendes Bewusstsein, leeres Denken
Und Seligkeiten des Vergessens schenken.

Durch Sankt Gambrinus sind wir angehalten,
Abdijbier unter mancherlei Gestalten
Im Himmel unsres Gaumens zu entfalten.

Lasst uns die kelchförmigen Gläser heben
Und einen Toast auf dich zum Besten geben
Und deine göttliche Natur erheben!

VII.

Den Ölgötzen des Deckenfreskos schicken
Kunstsinnige wie Pilger ihr Gebet,
Wodurch bereits Familiarität
Am Himmel wie auf Erden zu erblicken.

Den Kopf zurückgeworfen vor Entzücken,
Mit stierem Blick, die Gliedmaßen verdreht:
Betrachtern und Betrachteten entsteht
Der fromme Starrkrampf in ihren Genicken.

Dieselbe Haltung in der Brauerei
Des Klosters, wo seit achtzehnhundertdrei
Familie Trunk am Segen sie beteiligen,

Und Seligkeit schäumt über alle Maß
Durch ewige Anbetung aus dem Fass:
Nothelfertrunk – das Bier aus Vierzehnheiligen.

VIII.

Westfalen untertreibt: Mehr Sein als Scheinen ...
Wenn jemand dick geworden ist, beteuert
Man ihm, dass er gut aussähe, und steuert
Dem Suff er nicht, heißt es: Er mag gern einen.

Wer seinen Rausch ausschläft, der hat gefeiert;
Ob er anschließend wieder all die kleinen
Gedecke von sich gibt, schert wahrlich keinen,
Nur wer den Hof versäuft, wird abgemeiert.

Fällt nachts der Strom aus, kann der nunmehr Blanke
Beim Notdienst für Spriteulen an der Tanke
Noch immer Pils im Sechserpack erstehen.

Er wird zum *Beerslayer*, zum *Leberstumpfe*,
Zum *Don Promillo* und in diesem Sumpfe
Oder im Trockendock zugrunde gehen.

IX.

In vollen Zügen hat man es genossen,
Das Schützenfest mit Bier, frisch und gekühlt ...
Man hat sich und den Adler abgeschossen,
Da über Korn und Kümmel man gezielt.

Der Fusel hatte manches Glas durchflossen,
Glasklar, dass immer glasiger man schielt:
Auf Klare, die den Dunstkreis klar erschlossen,
Standarte unter Bierfähnchen gespielt!

Ja, die Westfalen saufen wie die Biester,
Und stramm marschieren die Vereinsgeschwister
Zur Vogelstange unter Blasmusik.

Man schießt. Den Adler macht, wer sturzbetrunken
Am Biertisch umgekippt und hingesunken:
Die Königswürde. Schärpen bringen Glück.

X.

Das Trinkgeld für die schlecht vergüteten
Träger bestand aus einer Flasche Korn,
Den vor der Trauerfeier zum Ansporn
Des Kraftakts sie hinunterschütteten.

Drei Fuhrmannsbecher reinster Jugendborn
Berückte die sonst recht Gesitteten,
Und nach der Aussegnung verhüteten
Zwei Stufen fast den Weg zum Sarg nach vorn.

Dann zeigte sich durch Fahne und robustes
Schwanken und Wanken ihre Freisetzung
Des alkoholischen Kontrollverlustes.

Dass sie bei der nun dritten Beisetzung
Des Tages nicht mit in die Grube fielen,
Verdankten sie nebst Übung Gottes Willen.

XI.

An diesem stürmischen und regnerischen
Novembertag werden die lehmigen
Wege des Gräberfelds zum cremigen
Morast, wo Dreck und Nässe sich vermischen.

Die griesgrämigen und geschämigen
Bestatter ziehen Schlauch und Pumpe zwischen
Die Zweige von den Rhododendronbüschen,
Um sich dann einen zu genehmigen:

Sie freuen sich, dass keine Trauergäste
Zur „Seebestattung“ niet- und nagelfeste
Kritik zu äußern sich erdreisteten.

Erleichtert, dass die Gruft nicht vollgelaufen,
Beginnen sie genau so viel zu saufen
Wie ihre Kreiselpumpen leisteten.

XII.

Absinth, Absinth, himmlisches Kind:
Welch Kraut dir, grüne Hexe, wächst,
Entdeckst du uns laut Werbetext.

Absinth, Absinth, der Zucker rinnt;
Wie süß uns dies hier träumen ließ
Bei Wermut, Fenchel und Anis!

Absinth, Absinth, wer wagt, gewinnt:
Vom Alkohol wird keiner voll,
Wiewohl Thujon toll machen soll.

Absinth, Absinth, er wirkt geschwind:
Glas eins, Glas zwei, Glas drei, Glas vier,
Dann steht das Koma vor der Tür.

Absinth, Absinth, dein Wichtlein spinnt,
Sein Lichtlein zuckt, wenn sich's verliert ...
Wer deliriert, wird abgeführt.

XIII.

Komm totgesagt zum Kaufpark und dann klau
Im Tremens des Entzugs was du gerade
Begehrst, so bist du unverhofft halbblau.
Zuvor erwischt zu werden wäre schade.

Dort nimm Korn und Wacholder – dir wird flau –
Flachmänner leerend wankst du durch den Bau;
Man macht dich dingfest und durchsucht dich ganz
Nach dem Verbleib des krassen Fehlbestands,

Vergisst auch die zerfetzten Taschen nicht
Mit Löchern, die Zugang zum Futter geben,
Und auch was übrig bleibt: Man greift daneben.
Verwinde es mit grinsendem Gesicht.

Spucknich

UNTER STROM (II.)

Quia ventum seminabunt, et turbinem metent.
HOSEA 8,7

I.

Durch die Anreicherung von Schwermetallen
Erzeugt man Kernspaltung und Karzinom
Beim Individuum wie beim Atom,
Die beide schließlich mit sich selbst zerfallen:

Sie strahlen, wenn sie aufeinanderprallen,
Als stünden sie gewaltig unter Strom;
Dem Vollrausch des Erfolgs folgt das Symptom
Des Fortschritts, der den Krebsgang nimmt bei allen.

Wie schizophren die Menschheit sich beeilt,
Damit der Kern sich samt der Zelle teilt,
Bis die Zerfallsprodukte ausgelitten ...

Es dauert eine halbe Ewigkeit
Bis zum Erreichen ihrer Halbwertszeit,
Nur die des Menschen ist längst überschritten.

II.

Vom Netz nimmt man jetzt alle stillen Brüter.
Die Schädeldecken aus Beton sind alt
Und leiden an Burnout, total verstrahlt,
Und Kühltürme erhitzen die Gemüter.

Kraftwerke von der traurigen Gestalt
Und Gauleiter als Super-GAU-Verhüter:
Aufgrund von Störfällen folgt manch verfrühter
Ausstieg bei schmalem Ruhestandsgehalt ...

Die Menschheit stört, und es obliegt den Mördern,
Die Umsätze der Stromriesen zu fördern,
Und dafür wird unser Planet verheizt.

Das Netz muß multimedial ablenken:
Mit Radioaktivitäten geizt
Man nicht, und nur die stillen Brüter denken.

III.

Wie man aus Fachkreisen berichtete,
Käme es bei Atomkraftwerken nur
Zu Fehlern bei der zweiten Garnitur,
Die am Reaktor Dienst verrichtete ...

Wenn Primo- und Sekundogenitur
Nicht aus der Residenzpflicht flüchtete,
Wie Arzt und Pfarrer sie verpflichtete,
Machte sie eine bessere Figur:

Unmittelbar an dem nunmehrigen
Aufgabenfeld wohnte der Führungsstab
Mitsamt Familienangehörigen.

Ernsthaftigkeit und Glaubwürdigkeit gab
Ein solcher Wohnsitz den Großkopferten,
Die sich bei Strahlungsaustritt opferten.

IV.

Starkströme fließen über Land
Und folgen der mächtigen Leitung
Des Mastwerks bis zur Überschreitung
Vom weitgespannten Himmelsrand.

Nach der Reaktor-Aufbereitung
In das Umspannungswerk gesandt,
Durchlaufen sie dann unverwandt
Das Rigg zur Energieverbreitung:

Masten wie Rahen sind aus Stahl,
Stehendes Gut, es fehlt die Fall,
Das Stag, Racks, Toppnanten und Wanten ...

Nur Stahlbrassen führen zur Nock
Der Rah und laufen durch den Block,
Wie wir es von Windjammern kannten.

V.

Kein Bauer mehr bebaut sein Land: Wirtschaft
Hat ihn und seinen Stand gezielt vernichtet
Und anderen Berufszweigen verpflichtet
Als dem bisherigen. Der Landwirt schafft

Den Hof ab: Nichts mehr angebaut, gezüchtet ...
Die letzte Fruchtfolge der Landwirtschaft
Ist Bauland. Oder auf dem Land wird Schaft
Um Schaft für die Windräder aufgerichtet.

Ein kollektiver Wahn beflügelt sie
Über Betonköpfen als Fundamenten,
Die für erneuerbare Energie

Den Umweltschutz vom Schutz der Landschaft trennten:
Sie drehen sich im Kreis herum. Sie sind
Ganz eitel. Und sie haschen nur nach Wind.

VI.

Die Energiewende dient dem Vergeuden
Von Rohstoff und Ressourcen, denn an ihnen
Ist für Windmacher bestens zu verdienen;
Wer wollte da Einsparungen erleiden?

Also nutzt man die Illusion der Grünen,
Die Erderwärmung sei durch das Bescheiden
Auf Ökostrom und Windkraft zu vermeiden:
Der Bürger blecht und wird die Folgen sühnen.

Eisern bepflanzt man weite Spargelfelder
Und aast mit Hilfe öffentlicher Gelder,
Darum sind guter Rat und Strom so teuer ...

Nachhaltigkeit heißt: Aus den Fördertöpfen
Sämtliche Mittel schleunigst abzuschöpfen;
Wo Aas und Geld ist, sammeln sich die Geier.

VII.

Lasst sie am Rad drehen und sich entrüsten;
Mit Auf- und Hochrüstung trotzt man Beschwerden!
Gemeinwohl ist von keinem zu gefährden,
Und die Geschädigten sind Egoisten.

Der Bürgerwille unterliegt den Listen
Der staatlichen Vertreter und Behörden,
Die gern Amtsbüttel der Betreiber werden,
Doch dazu angefüttert werden müssten.

Irgendwann und -womit ist jeder käuflich,
Dann wird das ungemeine Wohl begreiflich:
Es läuft doch wie geschmiert, wenn sie gut schmieren.

Die Windrad-Mafia lässt ganz gelassen
Und windig die Proteststürme ausrasen;
Wenn sie am Rad drehen, wird es rotieren.

VIII.

Man sieht sie gut ein Dutzend Jahre später
Bereits als öffentlichen Schandfleck an,
Als Denkmal und als Mahnmal für den Wahn
Der ökologischen Gesinnungstäter.

Ihre Verblendung trotzte Wind und Wetter
Nur kurzfristig, der Niedergang begann:
Erst fiel der Generator aus, und dann
Verloren die Rotoren ihre Blätter.

Im Anschluss daran büßten immer mehr
Den Kopf ein, und den Übrigen ist er
Auf ihren Wendehälsen festgerostet.

Wo sich die Köpfe nach dem Wind gedreht,
Kriecht braune Brühe abwärts und verrät,
Was dieser Fortschritt zur Verschrottung kostet.

IX.

Pathetisch wirkt ihr Kreisen allerdings,
Besorgt es dem Automobilkonzerne
Schleichwerbung durch dreiflügelige Sterne;
Es fehlt nur noch die Einfassung des Rings.

Die alte Kapp- und Königsmühle links
Im wohlverdienten Ruhestand zeigt gerne
Mit starrem Flügelkreuze in der Ferne
Vornehme Distanziertheit einer Sphinx.

Beredter als das hektische Rotieren
Und unermüdliche Gestikulieren
Der Werbeträger bleibt ihr Gestus knapp:

Dass sie um Freude sich und Trauer schere
Und auch, wie lang die Arbeitspause währe,
Liest sich an ihrer Flügelstellung ab.

HEIMATPFLEGE

Und ich sollte mein ostwestfälisches Erstgeburtsrecht für einen Hamburger und ein T-Shirt verschachern?
ULRICH HORSTMANN. INFERNODROM.

I.

Geadelt durch den blaublütigen Flachs
Zwang das zu schmale Land die Kötter neben
Der Feldfron, gegen Mangel anzuweben;
Erschienen die Maschinen, blieb schnurstracks

Den Spinnern und den Webern nur das Heben
Der Handwerksqualität zum Überleben,
Geadelt durch den blaublütigen Flachs.

Textilien wie Texte widerstreben
Dem Niedergang nur durch Niveauzuwachs:
Des Geistes, des Humors und des Geschmacks
Bedarf der Stoff, um Dichtung abzugeben,
Geadelt durch den blaublütigen Flachs.

II.

„Man trägt sein Vaterland an seinen Sohlen“,
Beschwor Danton auf Ehre und Gewissen,
Verbannt in England unter weichen Kissen;
Doch dieses Vaterland nach Hause holen?

Davon, sagt jede Hausfrau unverhohlen,
Wolle sie, nur um Sauberkeit beflissen,
In ihren Wänden ganz und gar nichts wissen:
Der Dreck von draußen bleibe ihr gestohlen.

Wie unerbittlich, fürsorglich und kindlich
Ertönt ihr patriotisches Gezeter:
„Pass auf! Die Teppiche sind so empfindlich!“

Fürs Vaterland gibt es den Fußabtreter ...
Die Wege Gottes sind so unergründlich
Wie auf dem Land der Lehm bei Regenwetter.

III.

Westfälisches Arkadien! Ich will
Mein liebes Böllenjeck nach etlichen
Bebauungsmaßnahmen vergöttlichen!
Unsterblich schlichten Pfahlbürgern gefiel

Der Abtritt ihres Bodens aus Kalkül:
Ihnen sind Grundstücke mit redlichen
Rindviechern sowie unersättlichen
Baulöwen ein bukolisches Idyll.

Der Dorfkern hatte längst dran glauben müssen,
Sein stolzes Fachwerk wurde abgerissen
Für Neubauten, hässlich bis zur Abschreckung,

Und mit naturdenkmalgeschützten Eichen
Muss selbst das Waisenhaus aus der Erweckung
Geldgeilen Altenheimbetreibern weichen.

IV.

Nachdem der Schnee geschmolzen und der Regen
Den Frost aus dem Erdreich vertrieben hat,
Beginnt das zarte Grün der Wintersaat
Sich in der Märzluft austreibend zu regen.

Man hilft dem zukünftigen Erntesegen
Mit der chemischen Keule nach. Es naht
Der erste Traktor mit dem Apparat
Zum Spritzen des Getreides auf den Wegen.

Die Landwirtschaftsminister stifteten
Für die Erzeugung der vergifteten
Grundnahrungsmittel öffentliche Gelder.

Den Krebsschaden, der am Ertrage frisst,
Bekämpft die Chemotherapie der Felder,
Bis ihnen unser Karzinom entsprießt.

V.

Goldgrund und preußisch Blau auf Druckerplatten:
Von diesem Jöllenbeck steht nicht mehr viel,
In dessen Sprengel *Schwagers* langer Schatten
Den Rahmen sprengte, aus dem Rahmen fiel.

Die Züge *seines* Schattenrisses hatten
Im Kupferstich ein feines Mienenspiel
Und Farbe im Portrait; auch sie gestatten
Dem profilierten Mann nur das Profil.

Der Geistesriese auf dem platten Lande
(Ein Gulliver im Predigergewande)
Geniert allein durch seine Gegenwart

Das Liliput der Kirche, ihr Gefasel,
Ihr anmaßendes Muckertum aus Basel
Von Christentumsgesellschaft bis Karl Barth.

VI.

Frontal, verkniffen, engstirnig empfing
Uns dessen Gegentypus, der seit jeher
Dem Pfaffentum der Landeskirche näher
Und dort als Ölschinken wie Leitbild hing.

Sein böser Blick sprüht Hass auf das, was höher;
Auf der Kultur liegt dieser Finsterling
Wie Mehltau – Johann Heinrich Volkening,
Kirchlicher Marktschreier und Pharisäer.

Die geistig Armen und ihr Himmelreich ...
Wie gerne statuiert man ein Exempel
Und macht für einen Nazarenertempel

Die alte Kirche dem Erdboden gleich!
In Minden-Ravensberg, dem heil'gen Lande,
Erlöst der Glaube uns von dem Verstande.

VII.

Wo einstmals mitten in dem muldigen
Gebuckel zwischen Teutoburger Wald
Und dem Wiehengebirge der Gewalt
Berlins vom Landtage zu huldigen,

Steht nun das Denkmal der geduldigen
Einwohner Ravensbergs für den Erhalt
Fürstlicher Unterdrückung in Gestalt
Des Preußenadlers zu entschuldigen.

Thron und Altar: Selbst wenn der eine wankt,
So bleibt die Macht des andren sakrosankt
Durch die Gemeinschaft der Scheinheiligen,

Die selbst in Freiheit und Demokratie
Sich stumpf an jedweder Apologie
Des Obskurantentums beteiligen.

VIII.

Entzug warb einst die nun asketischen
Und abstinenten heilsarmierten Brüder,
Entzug bewerben sie an Stehtischen
Bei innerstädtischen Schluckspechten wieder:

Choräle schwellen im frenetischen
Gegröle ihrer Kehlen wie Trinklieder;
Blau kriecht zu Kreuz man, ihren Fetischen,
Brüllt den hundsföttischen Durstteufel nieder.

Der Säuferwahn bleibt vom inbrünstigen
Bekehrungseifer zu begünstigen,
Und Vollrausch frommt den Exhibitionisten:

Hauptsache, dass die eingeschüchterten
Abhängigen niemals ausnüchterten;
Durch Suchtverlagerung „wird man zum Christen"!

SCRABBLE

UNTER DEN TALAREN

Ein Christ ist immer im Dienst.
OTTO DEBILIUS.

I.

Ein neues Thema und die alte Leier:
Als Binsenweisheit auf Hochglanzpapier
Geriert sich Wichtigkeit über Gebühr ...
Ein neues Thema und die alte Leier
Ersetzen Relevanz durch bunte Flyer;
Doch interessiert sich wirklich jemand für
Ein neues Thema und die alte Leier
Als Binsenweisheit auf Hochglanzpapier?

II.

Du aber, Pfaffendorf, bist keineswegs
Das kleinste Kirchspiel in der Osterbörde,
Wie gerne weidete ich deine Herde
In dem Bewusstsein eines Privilegs!

Nur eines geht mir dabei auf den Keks
Und schafft dem pastoralen Amt Beschwerde:
Die Macher mit der Managergebärde
Und die Schafsköpfigkeit ihres Geblöks.

Topfschlagen oder Blinde Kuh behagen
Synoden, Pfarrkonventen, Kirchentagen;
Welch infantiles Glück beim Ringelpietz!

Die Köpfe sind noch leerer als die Kassen,
Die Volkskirchen vom Kirchenvolk verlassen,
Charakter stört, und Geist ist nichts mehr nütz.

III.

„Der Menschenfreund fragt, warum sie sich sträuben,
Wo man bei ihnen nur das Beste will?
Damit die Brüder für ihr Geld noch viel
Mehr Leistung bringen, muss man sie stets treiben.

Dann lassen sie das Räsonnieren bleiben,
Werden flexibel, beugsam und servil,
Erneut bereit, sich für Gesinnungsmüll
Hochmotiviert und selbstlos aufzureiben.

Humanität ist nur ein Hirngespinst!
Der Mensch bin ich, die andern sind Kanaken;
Ihr Abwerten gereicht mir zum Verdienst

Und ihre Ausbeutung hält mich am Kacken ...“
Der selbstverliebte Arsch mit Ohren grinst
In Nadelstreifen über beide Backen.

IV.

Was man uns aufschwatzt als Autoritäten,
Ist in der Regel nur autoritär:
Die Vögel lassen sich von einem Heer
Lobhudelnder Bewunderer anbeten.

Dran glauben muss man und vermag nicht mehr
Mit Vollmacht und mit Geist vor sie zu treten,
Um diesen bis zur Hohlheit aufgeblähten
Herrschaften zu bedeuten, wer der Herr.

So plustern und so spreizen sich die Gockel
Vor Selbstgefälligkeit auf ihrem Sockel
Und ständig krähen sie aus vollem Hals.

Das Fußvolk soll sie fußfällig vergöttern
(Anhimmler ohne Führer-Schein). Den Spöttern
Regt Harndrang sich am Fuß des Piedestals.

V.

Man kompensiert Nichtssagendes durch Reden,
Und dieses Dummschwätzen im Kollektiv
Beweihräuchert sich selbst höchst exzessiv;
Es wird nur böse Weltkinder anöden.

Unter der Dunstglocke von diesem Mief
Erstickt man lieber statt sich zu entblöden;
Frischluft und Freiheit hinterließen Schäden,
So heißt es, und die Angst davor sitzt tief.

Der Corpsgeist liefe selbst bei kurzer Lüftung
Gefahr der schweren Sauerstoffvergiftung,
So dass niemand die Fenster öffnen soll.

Der Corpsgeist bläht sich, und vor lauter Blähen
Lässt hemmungslos er seine Winde wehen
Und furzt und stinkt die ganze Bude voll.

VI.

Auch dieser Kirchenkreis hat sich jetzt von
Dem Ökumene-Club (vormals Mission)
Den Wunschpartner aus Afrika anpassen
Und eine Nummer größer kommen lassen.

Englische Konfektionsware war schon
Vergeben, es ging nur noch frankophon.
Entsprechende Sprachkenntnisse besaßen
Die Pfarrherrn nicht; keine der trüben Tassen

Beherrscht auch jetzt die Anfangsgründe, kann
Noch nicht einmal *petit nègre* parlieren,
Dass es den Anschein hat, als wolle man

Hier mit den Farbigen nur renommieren ...
Wenn ihr Teint etwas heller wäre, dann
Würde sich keiner für sie interessieren.

VII.

Der Wein erfreut das Herz des Menschen gern,
Dem frommen Dünkel stinken solche Sachen;
So wird Prohibition im Kult modern,
Man darf noch nicht einmal darüber lachen.

Dem Sinn der Eiferer liegt völlig fern,
Dass sie dem Stifterwillen nicht entsprachen
Und dass sie durch ein solches Mahl des Herrn
Den Tempel Gottes zum Saftladen machen.

Christus bleibt Pharisäern allzumal
Als Fresser und Weinsäufer ein Skandal,
Lustfeindlichkeit wird Frohsinn nie verstehen.

Sein Leib und Blut verabreichen sie bald
In einerlei anämischen Gestalt:
Lasst diesen Kelch an mir vorübergehen!

VIII.

Die Bibelsprüche dienen ihm als Watschen;
Er will sie so, wie es im Buche steht,
Sämtlichen Leuten um die Ohren klatschen,
Dass ihnen Sehkraft und Gehör vergeht.

Welch ein Organ! Und damit zeugt er munter
Vor aller Welt vom Herrn und scheut sie nicht,
Lässt seine Hose gern vor ihr herunter
Und springt ihr nacktärschig in das Gesicht.

Um Liebe zu dem Lämmlein einzuflößen,
Hat dessen Losung vielen er verehrt
Und diesen Schatz in irdenen Gefäßen
Wie einen Nachttopf über sie entleert:

Herrnhuter Losungen sind von der Sache
Her nur ein Fachausdruck der Jägersprache.

IX.

Die Masse macht die Ohnmacht offenbar:
Schwachköpfe müssen sich zusammenrotten,
Um vor Erkenntnissen sich abzuschotten;
Ihr Glaube steht in äußerster Gefahr,

Wenn der Verstand nicht ganz umnebelt war ...
In engsten Zirkeln pflegen die Bigotten
Stupid hintereinander her zu trotten
Im Bibel-, Babbel-, Bubbelkreis. Fürwahr,

Starrsinnig bleibt Salbaderei und Beten
Geistiger Inzucht ganz auf sich beschränkt,
Und jeder ist ein Schelm, der dabei denkt.

Nachtreten muss man, sonst wird nachgetreten,
Denn blinder Glaube hat den besten Markt
Bei Selbstenthirnung und bei Denkinfarkt.

X.

Auf feinstem Bütten – handgeschöpft – ergeht
Zur feierlichen Promotion im Schlosse
Der Münsteraner Universität
Die Einladung durch den Dekan. Die Posse

Der Theologen (erste Fakultät!)
Ist anberaumt im oberen Geschosse
Des Seitenflügels. Den Juristen steht
Der Festsaal zu mit Sekt und mancher Glosse

Zum Hörsaal, den die Theologenschaft
Ebenso würdevoll wie ehrenhaft
Zum Doktoreid für ihre Promoventen

Und als Aushängeschild für sich benutzt:
Die Müllsäcke unter den Fenstern könnten
Entfernt sein und die Tafel abgeputzt.

Andreastag 2008.

XI.

Wir warten dein – man könnte meinen,
Seit fast zweitausend Jahren schon
Vergeblich – wann, o Gottes Sohn,
Geruhst du endlich zu erscheinen?

Du lässt uns warten, keiner von
Den kirchlich angestellten Deinen
Wagt dein Erscheinen zu verneinen:
Es brächte sie um ihren Lohn

Am Himmelreich und all dem Plunder
Von Weihnachtsmarkt und Weihnachtsfest ...
Statt deiner kommt der Kitsch als Wunder,

Erlöst die Welt, die zu gern döst,
Und dafür darfst du auch die Massen,
Solang sie zahlen, warten lassen.

XII.

Dumm geworden ist das Salz der Erde,
Es gibt nichts, womit man salzen kann;
Fleisch, das sanft gelebt, fault irgendwann.
Dumm geworden ist das Salz der Erde

Und taugt nur, dass es zertreten werde,
Geistlos plärrt der kollektive Wahn.
Dumm geworden ist das Salz der Erde,
Es gibt nichts, womit man salzen kann.

Nietzsche spricht: Kein Hirt und eine Herde!
Nur der Stumpfsinn spreizt sich wie ein Mann;
Es gibt nichts, womit man salzen kann,

Und taugt nur, dass es zertreten werde,
Fängt der Fisch am Kopf zu stinken an.
Dumm geworden ist das Salz der Erde!

BIS DER ARZT KOMMT

I.

Jung-Stilling aus der Ärztezunft
Kurierte manche Augenschwächen,
Doch nicht bei geistigen Gebrechen:
Jung-Stilling aus der Ärztezunft
Konnte der eigenen Vernunft
Den Star der Frömmelei nicht stechen ...
Jung-Stilling aus der Ärztezunft
Kurierte manche Augenschwächen!

II.

Das Fasten kommt über die Runden
Und mehr als Schwergewichtigen:
Reißt euch am Riemen zum Gesunden!

Es lohnt nicht, Unmut zu bekunden
Und Waagen zu berichtigen:
Das Fasten kommt über die Runden.

Heißhunger plagt zu manchen Stunden
Bei Fressentzug die Süchtigen,
Reißt euch am Riemen zum Gesunden!

Lasst euch Gemüsebrühe munden,
Den Hunger zu beschwichtigen;
Das Fasten kommt über die Runden.

Beim Training habt ihr euch geschunden
Durch leibliches Ertüchtigen;
Reißt euch am Riemen zum Gesunden!

Trennt freiwillig und unumwunden
Das Wichtige vom Nichtigen,
Das Fasten kommt über die Runden.

Krankheiten wuchern mit den Pfunden;
Nehmt ab, lasst sie verflüchtigen,
Reißt euch am Riemen zum Gesunden!

„Gewogen und zu schwer befunden“
Heißt es bei Uneinsichtigen ...
Das Fasten kommt über die Runden,
Reißt euch am Riemen zum Gesunden!

III. FÜR DR. KRONZUCKER

Die Hungerkur-Klinik in Überlingen
Bietet für Fettsäcke und Hängebäuche
In Trainingsanzügen das immer gleiche
Heilfasten – Maßregelvollzug wird's bringen.

Bewährungshelfer in Ernährungsdingen
Empfehlen salzarme und eiweißreiche
Schonkost im unteren Brennwertbereiche;
Die Abfuhr wird dem Glaubersalz gelingen.

Und keuchend quälen sich die Zwangsarbeiter
Zur Folter in der Muckibude weiter,
Zurück kehrt man nach einer guten Stunde:

Der Abgespeckte wählt die Treppenhäuser,
Verbautere Modelle nehmen weiser
Den Fahrstuhl zum Emporwuchten der Pfunde.

IV.

Kliniken pflegen dank Willfährigen
Der Raffgier ökonomische Interessen;
Patientenwohl bleibt weitgehend vergessen,
Selbst aus der Not der Angehörigen

Versuchen die stupend gelehrigen
Verwaltungsprofis, von Profit besessen,
Herauszupressen, was herauszupressen:
Bewirtschaftet man die bisherigen

Freien Parkplätze, melkt man ungerührt
Auch Teilzeitpersonal der Hospitäler,
Das man als „Dauerparker“ diffamiert;

Dann schafft man sich durch Neubauten Denkmäler,
Wo kein Besuch die Heilung stören wird,
Schon gar nicht die der ethischen Kunstfehler.

V.

Der gläserne Patient und die Lizenz
Zur Vorratsdatenspeicherung erinnern
Bei allen Profiteuren und Gewinnern
Sittlich an Blutarmut und an Demenz:

Vampire nährt die Medizin im Innern!
Nach Blutdruck, Blutwerten und Herzfrequenz
Folgt die Kanüle ... und die Evidenz
Für einen armen Tropf ... mit Blutverdünnern.

Es dient das ganze Aussaugen der Kranken
Stets aktualisierten Datenbanken,
Die bis in alle Ewigkeit geschützt.

Ärztliche Schweigepflicht ist gegenüber
Patienten rigoros – man unterstützt
Den medizinischen Geheimdienst lieber.

VI.

Der Pfarrer segnet nur noch ab und aus,
Wenn Anwalt, Arzt und Erben sich geeinigt;
Der Lebensunwert wird gelehrt bescheinigt:
Euthanasieprogramm im Krankenhaus.

Stoßt euch daran gesund durch den Garaus
Der Siechen, die palliativ man peinigt
Und deren Hirntod man gezielt beschleunigt,
Denn beim Organhandel springt viel heraus.

Stoßt euch gesund, lernt Sterbende verachten,
Sie zu ermorden und sie auszuschlachten,
Nur schützt Moral vor und sprecht nie vom Geld!

Dass man das Leid nicht mehr ansehen könne
Und andren Menschen doch ihr Leben gönne,
Bekennt die ganze Kannibalenwelt.

VII. FÜR DR. MED. SCHNITZMANN

Zerfressen vom Verdruss, vom Frust, vom Zucker
Und nun der Halsabschneider für die Zehen:
Es wird wohl scheibchenweise weitergehen,
Bis wann und wohin weiß kein Sternengucker.

Gleich armen Säufern sprichst du armer Schlucker:
„Auf einem Bein allein kann keiner stehen ...“
So lass das Unvermeidliche geschehen;
Mitleidig winseln Kopfhänger und Mucker.

Drei Zehen wurden bislang abgenommen,
Nun musst du wieder auf die Beine kommen
Oder auf das, was sie dir davon ließen.

„Eins dreiundneunzig, und das soll so bleiben!“,
Sag dem Gefäßchirurg vor seinem Treiben;
Begnüge dich am Ende mit Versfüßen.

Dr. theol. Stümmelmann.

VIII. SCHWERSTVERHINDERT

Berechtigt keine Gehbehinderung
Zum Nutzen von Behindertenparkplätzen?
Nach unsren sinnreichen Sozialgesetzen
Berechtigt keine Gehbehinderung
Dazu: Sofern nicht durch Verminderung
Der Beinlänge das Fahrzeug zu ersetzen,
Berechtigt keine Gehbehinderung
Zum Nutzen von Behindertenparkplätzen!

Recht auf die Teilhabe an Plünderung
Behinderter ist höher einzuschätzen
Als nur von *deren* Teilhabe zu schwätzen!
Recht auf die Teilhabe an Plünderung
Schafft jedem Übelstande Linderung,
Denn wer betroffen ist, lässt sich vergrätzen:
Recht auf die Teilhabe an Plünderung
Behinderter ist höher einzuschätzen.

IX. IMPAVIDUM FERIENT URINAE

Nicht die Hoffnung wird als Letztes sterben,
Länger noch als sie lebt der Humor;
Unentbehrlich wähnt sich nur der Tor,
Ihm zerbricht die Welt, geht er in Scherben.

Was du erbtest, das wirst du vererben,
Humus bist und bleibst du nach wie vor:
Nicht die Hoffnung wird als Letztes sterben,
Länger noch als sie lebt der Humor.

Schwerlich kann Humanität erwerben,
Wer durch Humus den Humor verlor;
Geist zeigt Geist, zeugt Geist, dringt im Verderben
Endlich zur Unendlichkeit empor:
Nicht die Hoffnung wird als Letztes sterben!

X. SEELENARZT

Er ist mein Hirte,
Und mir gebricht‘s
Durch Ihn an nichts!
Zu Triften führte

Gleich einem Wirte
Selbst angesichts
Des Weltgerichts
Er mich und kürte

Mich krönend: Gut
Und Güte heben
Mein ganzes Leben,

Und Seine Hut
Kommt mir zustatten
Im Tal der Schatten.

SCHLUSS-SÄTZE

I.

Eine Gebühr für Friedhofsunterhaltung?
Der Unterhaltungswert des Ortes ist
Wie meist der Anlass des Besuches: trist.
Eine Gebühr für Friedhofsunterhaltung
Erhebt man deshalb, weil bei der Verwaltung
Von trostloser Tristesse, die uns verdrießt,
Eine Gebühr für Friedhofsunterhaltung
Der Unterhaltungswert des Ortes ist.

II.

Uns Menschen setzte Er in Seinen Garten,
Damit wir ihn bebauten und bewahrten.
Indem wir ihn beackern und bebauen,
Ist unser Leben gleichnishaft zu schauen:

Hinfällig und vergänglich wie die Ähren
Für unser Brot, von dem wir uns ernähren ...
Wenn wir uns geistig und unsterblich dünken,
Dann gleichen wir dem Wein, wovon wir trinken.

Im Laufe unsrer Zeit werden wir älter,
Zur Ernte reif und kommen in die Kelter;
Damit Sein Leid an unsrem Leib voll werde.

Dann kehrt der Erdling wieder um zur Erde,
Das Geistige wird neu zu Geist geboren;
Nur Ungeistiges bleibt unausgegoren.

III.

Verschieden bist du vom ermüdenden
Und anmaßenden Einerlei der Welt.
Geist bleibt lebendig, und der Rest zerfällt,
Zufrieden sind's die Einzufriedenden.

Am Ende hast du dich nur angestellt;
Erhalte nun trotz deiner siedenden
Heißblütigkeit den tiefen Frieden, den
Die Welt nicht kennt und darum nicht erhält.

Du brauchst dich nicht mehr am unmündigen
Gewäsch der Weltkinder versündigen,
Ein letztes Mal nur halte sie noch aus:

Sobald sie all ihr Beileid heuchelten
Und deinem Angedenken schmeichelten,
Zerstreuen sie sich – nach dem Leichenschmaus.

IV.

Weil ihre Türme keine Spitze schändet,
Die, steht man auf der Plattform, den Zenit
Den Blicken durch ihr Maßwerk fast entzieht,
Erscheinen Kathedralen unvollendet.

Dagegen hatte man sich einst gewendet,
Dass ein verstorbenes Gemeindeglied
Sich durch Beerdigung erniedrigt sieht;
So blieben Turm und Himmel unverblendet.

Sterbliche Reste wurden nicht zerfleischt
Im Grab von unterirdischem Gewürme,
Sondern durch Krähen, die unter dem Schirme

Des Glöckners dies makabre Mahl umkreischt;
Nichts blieb als nur das Elfenbein der Türme,
Das Elfenbeinhaus hat danach geheischt.

V.

Für ein dezentes Urnenfeld
Scheint mir der Friedwald ohne Frage
Die beste Kompostieranlage
Vor allen Kirchhöfen der Welt.

Nur eine Hinweistafel fehlt,
Wie ich seit jenem Urlaubstage
Sie ständig im Gedächtnis trage;
An einem Rastplatz aufgestellt

Stand ihr *Memento* nachzulesen:
„Ich hinterlasse keine Spur,
Das ist mein Dank an die Natur.“

Im Pfälzerwald war es gewesen,
Dort macht man gar kein Federlesen
Mit Abfallkorb und Müllabfuhr ...

VI.

Die Süßen und die Säuerlichen
Haben die Weinstöcke umschlichen
Und lechzen vor Begehrlichkeit.

Die Niedertracht war ausgeartet,
Denn Sklave bleibt, wer darauf wartet,
Dass ihn ein anderer befreit.

Die Indolenten und Bequemen
Sind Legion. Und wer da denkt,
Die Früchte gäbe es geschenkt,
Mag ihrer sich und seiner schämen.

Derartig ist kein Fuchs zu zähmen,
Dass er sich freiwillig beschränkt,
Weil Trauben ihm zu hoch gehängt:
Die Freiheit muss man sich schon nehmen.

VII.

Was immer man in diesem Buche
An Beiträgen auf Sie bezog,
Steht fast ein wenig im Geruche
Des Vorgriffs auf den Nekrolog.

Makaber scheinen die Versuche
Der Panegyrik: Man verbog
Sich derartig vor dem Anspruche
Des Lobes, dass man Sie belog.

Jedoch auch treuherzige Tränen
Und Dank erinnern oft genug
An Totentanz und Trauerzug.

Lediglich eine Lücke können
Sie hinterlassen, die Sie jetzt
Nach der Verabschiedung ersetzt.

RONDEAU D'OUTRE-TOMBE

À chacun sa lacune,
À chacun sa chaconne:
Musette, amuse, sonne,
Bombarde, sous la lune!

Pas un tombeau, pas une
Tombelle, ma Mignonne?
À chacun sa lacune,
À chacun sa chaconne!

La muse est très câline;
Son nez camard tisonne
En faisant bonne mine
La flamme qui ordonne
À chacun sa lacune.

DER AUTOR

Liebhaber und Leser von Lyrik-Anthologien des *chiliverlags* werden sehr leicht herausfinden, wer hinter dem Anagramm „Stefan Krückmann“ steckt: Der gebürtige Böllenjecker ist Landpfarrer zu Pfaffendorf in der Osterbörde und trat mit Versübersetzungen sowie geisteswissenschaftlichen Arbeiten hervor, nunmehr gepaart mit satirischer Lebensnähe nach der Maßgabe Ulrich Horstmanns, „von (absinkenden) Bildungsgütern ließen sich doch beherzte Ausfälle auf die siegerlaunische Moderne machen“. Scharfkantig ausgefeilte Formen wie Sonett, Ballade, Villanell, Rondeau und Triolett rücken den Schwachstellen kollektiver Verblödung und Heuchelei im Gewande kirchlicher, ökonomischer und gesellschaftspolitischer Korrektheit zu Leibe; ein subversives Vorgehen voll Swiftscher Galle, das aus der protestantischen Seele keine duckmäuserische Mördergrube macht: “Das Blütenweiß der saubersten Weste reicht nur bis zur Gürtellinie, und darunter beginnt mit Geld und Geschlecht das weite Feld der Satire”.

Alex Dreppec, Glasaugenstern – 101 Gedichte
Mit Illustrationen von Nicola Koch, Axel Röthemeyer, Eva Simone Scheuermann, Alex Dreppec, chiliverlag 2014
ISBN 978-3-943292-21-3, 156 Seiten, EURO 8,90

In dieser Sammlung stehen zuvor an über hundert Orten verstreut abgedruckte Gedichte erstmals nebeneinander und geben einen vielfältigen Einblick in das bunte Schaffen eines der führenden komischen Lyriker der Gegenwart.
Alex Dreppec war 2002 Finalist der deutschsprachigen Poetry Slam-Meisterschaften in Bern. 2004 wurde er mit dem Wilhelm-Busch-Preis ausgezeichnet. Dreppec veröffentlichte Lyrik, Essays und Kurzprosa in zahlreichen Anthologien (u.a. 2008 in „Der Große Conrady“ und in „Parody on Impression“, New York).

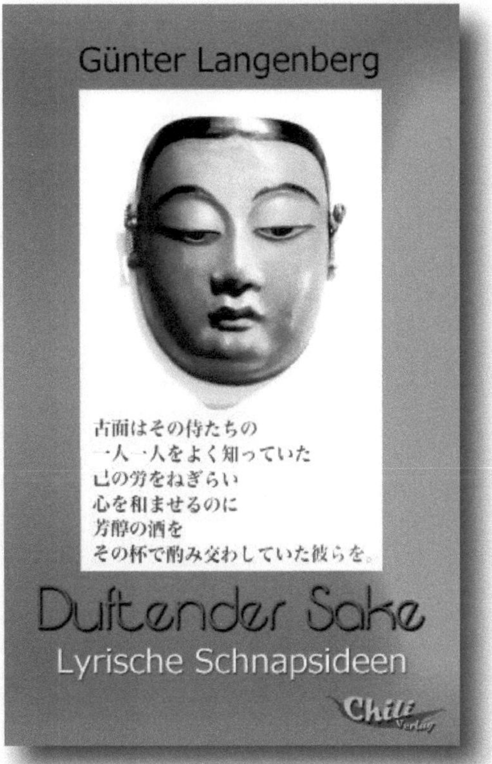
Günter Langenberg
古面はその侍たちの
一人一人をよく知っていた
己の労をねぎらい
心を和ませるのに
芳醇の酒を
その杯で酌み交わしていた彼らを。
Duftender Sake
Lyrische Schnapsideen
Chili
Verlag